Minimalismus
Küche

SOPHIA SCHILLIK

Minimalismus

Küche

MINIMALISMUS-KÜCHE

INHALT

MEINE

MINIMALISMUS-KÜCHE

Ein guter Freund sagte mir einmal, wenn er mir in der Küche zusähe, hätte er immer den Eindruck, man müsse eigentlich gar nicht wirklich kochen können. Im Grunde reiche es doch wohl aus, gute Produkte einzukaufen und diese dann geschickt zusammenzuwerfen. Dieses Gespräch ist fünfzehn Jahre her und fand in meiner stecknadelkopfgroßen Studentenbude in Leipzig statt. Gekocht wurde damals mit Minimalst-Ausrüstung in einer winzigen Kombüse, in der sich ein altersschwacher Herd den begrenzten Platz mit einem lauten, abgerockten Kühlschrank und einem knappen Dutzend Kochutensilien teilte. Das gekonnte Zusammenschmeißen von guten Zutaten, wie mein Freund es augenzwinkernd nannte, war tatsächlich schon immer meine große Leidenschaft.

Die grundlegende Philosophie der Minimalismus-Küche ist so schlicht wie eine apulische Tomate – die allerdings, perfekt gereift und nur mit Salz und kalt gepresstem Olivenöl gewürzt, das absolute Geschmacks-Nonplusultra sein kann. Groß kochen, besagt sie, kann man auch im kleinen Stil: in kurzer Zeit, unter einfachen Bedingungen, mit überschaubarer Zutatenliste und reduziertem Equipment. So habe ich in den vergangenen Jahren in diversen Interimsküchen ebenso genial-raffinierte wie bestechend simple Gerichte aus dem Ärmel geschüttelt oder auch auf dem Campingkocher passable Drei-Gänge-Menüs zustande gebracht.

Das liebe ich am Kochen: aus unverfälschten Zutaten mit überschaubarem Aufwand spannende und aromenreiche Gerichte kreieren. Die Reduktion aufs Wesentliche kann auf verschiedenen Ebenen stattfinden: Für den einen ist der Faktor Zeit wichtig, für den anderen eine knappe Zutatenliste oder möglichst wenig Kochgeschirr. Und manchmal hat man auch einfach keine Lust, den Herd anzuschmeißen. Dann gibt es eben Rohkost und die Küche bleibt kalt. Ich möchte Sie inspirieren, beim Kochen bewusst die Kunst des Weglassens zu üben – und so das Genießen ganz neu zu erfahren.

Viel Freude beim Kochen! Ihre Sophia Schillik

RAW

GAZPACHO ANDALUZ

4 PERSONEN
ZUBEREITUNGSZEIT: 35 MIN.
KÜHLZEIT: 4 STD.

1 EL Apfelessig
1 Brötchen vom Vortag
1 kg vollreife Tomaten
1 Salatgurke
1 rote Zwiebel
150 g Wassermelone
2 Knoblauchzehen
4 EL Olivenöl (extra vergine)
Meersalz
schwarzer Pfeffer (frisch gemahlen)
½ TL Pimentón de la Vera (geräuchertes Paprikapulver)
2 EL Zitronensaft
2 Scheiben Brot (z. B. Vollkornbrot)
1 EL Butter
4 getrocknete Tomaten (in Öl; nach Belieben)

1. Den Apfelessig mit 50 ml Wasser mischen. Das Brötchen grob zerbröseln und in der Essigmischung einweichen. Die Tomaten kreuzweise einritzen, in einer Schüssel mit kochendem Wasser übergießen und kurz stehen lassen. Dann die Tomaten häuten und das Fruchtfleisch grob würfeln, dabei die Stielansätze entfernen und den Saft auffangen.

2. Die Salatgurke schälen und in grobe Stücke schneiden. Die Zwiebel schälen und klein würfeln. Das Fruchtfleisch der Wassermelone von der Schale schneiden und grob würfeln.

3. Die Tomatenstücke samt Saft, Gurke, Zwiebel, Melone und dem eingeweichten Brötchen mit der Einweichflüssigkeit in einem Standmixer oder mit einem Pürierstab glatt pürieren. Den Knoblauch schälen und fein hacken oder durchpressen. Mit 2 EL Olivenöl zum pürierten Gemüse geben und untermixen. Alles mit Salz, Pfeffer, Pimentón de la Vera und Zitronensaft abschmecken und mindestens 4 Std. kühl stellen.

4. Die Brotscheiben entrinden und klein würfeln oder grob zerzupfen. Die Butter in einer kleinen Pfanne aufschäumen und die Brotstückchen darin in ca. 3 Min. goldbraun braten, dann abkühlen lassen. Die getrockneten Tomaten abtropfen lassen und nach Belieben zerkleinern.

5. Die Gazpacho auf vier tiefe Teller oder Suppenschalen verteilen. Die getrockneten Tomaten und die Croûtons daraufgeben, mit dem übrigen Olivenöl (2 EL) beträufeln.

ARTISCHOCKEN-CARPACCIO

4 PERSONEN
ZUBEREITUNGSZEIT: 35 MIN.

2 Zitronen
20 kleine Artischocken
2 Knoblauchzehen
6 EL Olivenöl (extra vergine)
Meersalz
schwarzer Pfeffer (frisch gemahlen)
60 g Parmesan
4 Stängel Basilikum (ersatzweise Oregano)

1. Die Zitronen auspressen. Ca. 2 l Wasser in eine Schüssel füllen und mit der Hälfte des Zitronensafts mischen.

2. Artischocken waschen, die äußeren, harten Blätter entfernen und die oberen Blattspitzen der Artischocken mit einem scharfen Messer abschneiden. Die Artischocken samt Stielen gleich in das Zitronenwasser legen, damit sie nicht braun werden.

3. Den Knoblauch schälen und durchpressen. Mit dem übrigen Zitronensaft und 4 EL Öl in einer großen Schüssel zu einem Dressing verrühren. Artischocken nach und nach aus dem Wasser nehmen, mit einem Geschirrtuch trocken tupfen und mithilfe eines Gemüsehobels oder eines großen, scharfen Küchenmessers in möglichst dünne Scheiben schneiden. Diese gleich portionsweise unter das Dressing mischen. Zuletzt salzen und pfeffern, gut durchmischen und ca. 10 Min. marinieren lassen.

4. Den Parmesan in dünne Späne hobeln. Basilikum waschen und trocken schütteln, die Blättchen von den Stängeln zupfen und nach Belieben zerkleinern.

5. Die Artischockenscheiben auf vier großen Tellern leicht überlappend auslegen. Mit dem restlichen Olivenöl (2 EL) beträufeln, mit Parmesan und Basilikum bestreuen.

SPARGELSALAT MIT SERRANOSCHINKEN

4 PERSONEN
ZUBEREITUNGSZEIT: 30 MIN.

Für den Salat
500 g weißer Spargel
80 g Serranoschinken
40 g Haselnusskerne

Für das Dressing
1 Knoblauchzehe
1 Bio-Zitrone
1 EL Akazienhonig
1 TL körniger Senf
3 EL Haselnussöl (ersatzweise Walnussöl)
Meersalz
schwarzer Pfeffer (frisch gemahlen)

1. Für den Salat den Spargel schälen und die holzigen Enden abschneiden. Den Spargel mit einem Sparschäler oder einem Gemüsehobel längs in hauchdünne Streifen schneiden.

2. Den Serranoschinken nach Belieben grob zerzupfen oder in Streifen schneiden. Die Haselnüsse halbieren oder grob hacken.

3. Für das Dressing den Knoblauch schälen und durchpressen oder klein hacken. Die Zitrone heiß waschen, trocken tupfen, die Schale fein abreiben und den Saft auspressen. Aus Zitronenabrieb und -saft, Knoblauch, Honig, Senf, Öl, Salz und Pfeffer ein sämiges Dressing anrühren oder mixen.

4. Die Spargelstreifen, den Schinken und die Haselnüsse in einer Salatschüssel mit dem Dressing vermengen. Mit Salz und Pfeffer abschmecken. Den Spargelsalat auf Teller verteilen.

RADICCHIO MIT BLAUSCHIMMEL UND WALNÜSSEN

4 PERSONEN
ZUBEREITUNGSZEIT: 20 MIN.

2 Köpfe Radicchio
2 Scheiben Brot (z. B. Vollkornbrot)
1 EL Butter
30 g Walnusskerne
1 kleine Zitrone
2 EL Crème fraîche
4 EL Walnussöl
50 g Blauschimmelkäse (z. B. Roquefort, Gorgonzola oder Stilton)
Zucker
Meersalz
schwarzer Pfeffer (frisch gemahlen)

1. Den Radicchio vorsichtig auf einer Arbeitsplatte hin- und herrollen, damit sich die Blätter leichter lösen lassen. Radicchio in einzelne Blätter teilen, größere Blätter nach Belieben kleiner zupfen, dann waschen und trocken schleudern.

2. Das Brot entrinden und klein würfeln. Butter in einer kleinen Pfanne aufschäumen und die Brotwürfel darin in ca. 3 Min. goldbraun braten, dann abkühlen lassen. Walnüsse grob hacken. und mit dem Radicchio in eine Salatschüssel geben.

3. Die Zitrone auspressen und den Saft mit Crème fraîche, Walnussöl, Blauschimmelkäse, 1 Prise Zucker, Salz und Pfeffer mit einem Standmixer oder einem Pürierstab zu einem sämigen Dressing mixen. Abschmecken.

4. Etwa zwei Drittel des Dressings zum Salat geben und alles gut durchmischen. Den Salat auf vier Teller verteilen, die Croûtons und die Walnüsse darübergeben. Alles mit dem übrigen Dressing beträufeln und nach Belieben mit Pfeffer bestreuen.

KITCHEN HEROES

NÜSSE

1

Nüsse aller Art spielen in meiner Küche eine grundlegende Rolle: Sie sind köstlich und crunchy. Außerdem sind die kleinen Kraftpakete besonders hochwertige Energie- und Proteinlieferanten.

2

Gesund, reichhaltig und vielseitig: Die Nuss hat's einfach in sich. Egal ob als Bestandteil eines cremigen Dressings, als Basis für Süßes oder in Form eines knackigen Toppings: Nüsse machen einfach alles mit.

3

Weil verarbeitete Nüsse besonders leicht verderblich sind, zerkleinere und röste ich sie immer nur nach Bedarf. Um sie noch bekömmlicher zu machen, lege ich sie oft über Nacht in einer Schale Wasser ein.

BETE-SALAT MIT RETTICH UND RADIESCHEN

4 PERSONEN
ZUBEREITUNGSZEIT: 35 MIN.
EINWEICHZEIT: 12 STD.

Für das Mandel-Dressing
80 g geschälte Mandeln
½ Zitrone
1 Knoblauchzehe
4 EL Olivenöl (extra vergine)
Meersalz
schwarzer Pfeffer (frisch gemahlen)

Für den Salat
6 Rote Bete (ersatzweise Ringelbete oder Gelbe Bete)
1 Rettich (ersatzweise 2 Wassermelonen-Rettiche)
1 kleines Bund Radieschen
1 Beet Kresse (ersatzweise Radieschen- oder Brunnenkresse)
1 grüner Apfel
Meersalz
schwarzer Pfeffer (frisch gemahlen)

1. Für das Dressing die Mandeln über Nacht in kaltem Wasser einweichen. Dann abgießen und das Einweichwasser auffangen.

2. Zitrone auspressen. Knoblauch schälen, durchpressen und mit 1–2 EL Zitronensaft, Mandeln, 1–2 EL Mandel-Einweichwasser, 3 EL Olivenöl, Salz und Pfeffer in einem Standmixer oder mit einem Pürierstab zu einem sämigen Dressing mixen.

3. Für den Salat die Beteknollen waschen, putzen, schälen und mit einem Gemüsehobel oder einem scharfen Messer in möglichst dünne Scheiben schneiden (dabei Einmalhandschuhe anziehen, da die Knollen stark abfärben).

4. Rettich und Radieschen waschen, putzen und in hauchdünne Scheiben hobeln oder schneiden. Kresse waschen, trocken schütteln und vom Beet schneiden. Den Apfel waschen, vierteln, vom Kerngehäuse befreien und in dünne Scheiben schneiden.

5. Bete-, Rettich-, Apfel- und Radieschenscheiben abwechselnd auf vier Tellern auslegen. Den Salat mit Mandel-Dressing und dem restlichen Olivenöl (1 EL) beträufeln. Mit Kresse garnieren.

Clever kombinieren: Rezepte dienen der Inspiration. Spielen Sie mit den Zutaten und variieren Sie Gemüse, Kräuter und Nüsse – ganz nach Laune und Verfügbarkeit.

SAIBLINGS-TATAR MIT GURKE UND KAVIAR

4 PERSONEN
ZUBEREITUNGSZEIT: 30 MIN.

300 g Saiblingsfilet (ohne Haut)
1 Zitrone
4 Frühlingszwiebeln
Meersalz
schwarzer Pfeffer (frisch gemahlen)
1 Salatgurke
½ Bund Kerbel (ersatzweise Schnittlauch)
3 EL Olivenöl (extra vergine)
2 EL Saiblingskaviar (ersatzweise Forellenkaviar)

1. Das Saiblingsfilet trocken tupfen, sehr fein hacken und in eine Schüssel geben. Die Zitrone auspressen.

2. Die Frühlingszwiebeln putzen, waschen und das Grün entfernen. Den weißen Teil in Ringe schneiden und mit 1 EL Zitronensaft unter das Saiblings-Tatar mischen, salzen und pfeffern.

3. Eine Hälfte der Gurke schälen und längs halbieren. Die Kerne mit einem Teelöffel herausschaben, das Fruchtfleisch klein würfeln. Kerbel waschen und trocken schütteln, Blättchen abzupfen und nach Belieben zerkleinern.

4. Die andere Hälfte der Gurke grob hacken und mit etwas Salz, Olivenöl, dem restlichen Zitronensaft und der Hälfte des Kerbels in einem Standmixer oder mit einem Pürierstab glatt mixen. Das Dressing abschmecken.

5. Das Saiblings-Tatar auf vier Teller portionieren. Die Gurkenwürfel und den Kaviar darübergeben und alles mit dem Dressing beträufeln. Mit dem restlichen Kerbel garnieren.

AJO BLANCO MIT GEEISTEN WEINTRAUBEN

4 PERSONEN
ZUBEREITUNGSZEIT: 35 MIN.
KÜHLZEIT: 3 STD.

80 g Weißbrot vom Vortag
50 ml Milch
200 g geschälte Mandeln
2 Knoblauchzehen
120 ml Olivenöl (extra vergine)
2 EL Sherryessig (ersatzweise Weißweinessig)
Meersalz
schwarzer Pfeffer (frisch gemahlen)
100 g grüne kernlose Weintrauben
4 Stängel Koriandergrün (ersatzweise Basilikum oder Postelein)

1. Das Weißbrot entrinden, in Stücke schneiden und in einer Schüssel mit Milch und 50 ml Wasser übergießen. Das Brot ca. 20 Min. einweichen, herausnehmen und leicht ausdrücken.

2. Inzwischen die Mandeln grob hacken. Den Knoblauch schälen und ebenfalls grob hacken. Beides mit dem eingeweichten Brot, 100 ml Olivenöl, Essig und 200 ml eiskaltem Wasser in einem Standmixer sehr fein pürieren (alternativ einen Pürierstab verwenden und die Masse gegebenenfalls durch ein Sieb streichen). Bei Bedarf noch etwas Wasser untermengen.

3. Die Ajo blanco mit Salz und Pfeffer abschmecken und ca. 3 Std. kühl stellen. Inzwischen die Trauben waschen, jeweils halbieren und ca. 30 Min. im Tiefkühlfach gefrieren lassen.

4. Vier tiefe Teller oder Suppenschalen für einige Minuten in das Tiefkühlfach stellen. Inzwischen Koriandergrün waschen, trocken schütteln und die Blättchen abzupfen. Die kalte Suppe auf die gekühlten Teller verteilen. Mit den geeisten Weintrauben und Koriander garnieren. Mit dem restlichen Olivenöl (ca. 20 ml) beträufeln. Die Ajo blanco eiskalt servieren.

GARNELEN MIT SAUCE MARIE ROSE

4 PERSONEN
ZUBEREITUNGSZEIT: 15 MIN.

700 g vorgegarte Garnelen (mit Kopf und Schale; ca. 24 Stück)
1 frisches Eigelb
2 TL Senf
2 TL Apfelessig
Meersalz
schwarzer Pfeffer (frisch gemahlen)
200 ml Olivenöl (extra vergine)
1 EL Tomatenmark
1 TL Cognac
Tabasco
Pimentón de la Vera (geräuchertes Paprikapulver)
2 EL Zitronensaft

1. Die Garnelen trocken tupfen.

2. Eigelb mit Senf und 1 TL Essig verrühren, salzen und pfeffern. Nach und nach Öl, restlichen Essig (1 TL), Tomatenmark, Cognac und einige Tropfen Tabasco (Menge nach Geschmack) unterschlagen. Mit Pimentón de la Vera abschmecken.

3. Den Zitronensaft in einem Schälchen mit Wasser vermengen. Die Garnelen auf vier Teller verteilen und mit der Sauce Marie Rose servieren. Das Zitronenwasser und Servietten zum Reinigen der Hände sowie knuspriges Weißbrot dazu reichen.

CEVICHE VOM WOLFSBARSCH MIT ANANAS UND KORIANDER

4 PERSONEN
ZUBEREITUNGSZEIT: 35 MIN.
KÜHLZEIT: 2 STD. 30 MIN.

400 g Wolfsbarsch ohne Haut (möglichst vom Fischhändler filetieren lassen; ersatzweise Dorade oder Seelachs)
2 Limetten
1 Schalotte
Meersalz
2 grüne Peperoni
1 kleines Bund Koriandergrün
100 g Baby-Salat-Mix (z. B. Mizuna, Mangold oder Spinat)
40 g Ananasfruchtfleisch
4 EL Sesamöl

1. Wolfsbarsch trocken tupfen, Gräten bei Bedarf entfernen. Dann quer in hauchdünne Scheiben schneiden und in einer flachen Form verteilen. Limetten auspressen, den Saft über den Fisch gießen und alles abgedeckt 1–2 Std. im Kühlschrank ziehen lassen (jetzt »gart« der Fisch durch die Säure der Limetten).

2. Inzwischen Schalotte schälen, in sehr feine Ringe schneiden und in eine Schüssel mit kaltem Salzwasser geben. Ca. 5 Min. darin ziehen lassen, abgießen und gut abtropfen lassen.

3. Die Peperoni waschen und in feine Ringe schneiden. Koriandergrün waschen und trocken schütteln, einige Blättchen von den Stängeln zupfen und für die Garnitur beiseitelegen, den Rest mitsamt den Stängeln fein hacken. Den Baby-Salat-Mix verlesen, waschen und trocken schleudern.

4. Ananas klein würfeln, mit dem klein gehackten Koriander und 2 EL Sesamöl vermengen.

5. Den Fisch aus dem Kühlschrank nehmen. Schalotte, Peperoni und die Ananas-Koriander-Mischung vorsichtig untermengen. Mit Salz abschmecken und erneut ca. 30 Min. kühl stellen.

6. Die fertige Ceviche ca. 10 Min. Raumtemperatur annehmen lassen. Auf Tellern anrichten, mit den Salatblättchen und dem restlichen Koriandergrün garnieren und alles mit dem übrigen Sesamöl (2 EL) beträufeln. Gleich servieren.

KITCHEN HEROES

DAS MESSER

1

Ein gutes Allround-Kochmesser mit scharfer Klinge ist ein Muss – auch und vor allem in der Minimalismus-Küche. Nur fünf Dinge für die einsame Insel? Das Messer kommt definitiv mit.

2

Wer sein Messer liebt, gönnt ihm regelmäßige Pflege. Einmal pro Halbjahr wird es vom Profi geschliffen, außerdem öle ich den hölzernen Griff. Mein Motto: buy less, buy better, make it last.

3

Ich habe ein Faible für handwerklich hergestellte Produkte. Mein ideales Messer ist formschön, leicht und langlebig, griffig, solide verarbeitet, vielseitig einsetzbar und liegt immer gut in der Hand.

LACHS-SASHIMI MIT FENCHEL UND GRAPEFRUIT

4 PERSONEN
ZUBEREITUNGSZEIT: 35 MIN.

300 g Lachsfilet (ohne Haut)
2 Pink Grapefruits
1 Limette
1 Knolle Fenchel mit schönem Grün
Meersalz
1 TL Akazienhonig
1 TL Dijon-Senf
4 EL Olivenöl (extra vergine)
½ TL rosa Pfefferbeeren
½ Bund Dill (ersatzweise Blutampfer)

1. Das Lachsfilet trocken tupfen. Mit einem scharfen Messer in ca. 0,5 cm dünne Scheiben schneiden. Die Scheiben nebeneinander in eine flache Form legen und abgedeckt kühl stellen.

2. Die Grapefruits mit einem scharfen Messer so schälen, dass auch die weiße Haut mit entfernt wird. Die Fruchtfilets zwischen den Trennhäuten herausschneiden und der Länge nach halbieren, dabei den austretenden Saft auffangen und beiseitestellen. Die Limette auspressen.

3. Den Fenchel waschen und putzen, dabei holzige Stiele entfernen und den Strunk flach abschneiden. Das Fenchelgrün klein schneiden oder zupfen und beiseitelegen. Die Fenchelknolle in dünne Scheiben hobeln und mit den Grapefruit-Filets und dem Limettensaft in einer flachen Form vermengen. Alles ca. 15 Min. ziehen lassen, dann salzen.

4. Inzwischen den aufgefangenen Grapefruitsaft mit Honig, Senf, Öl und Salz zu einem Dressing verrühren, dann abschmecken. Die Grapefruit-Filets und den Fenchel aus der Marinade nehmen und abtropfen lassen. Die Pfefferbeeren im Mörser leicht anstoßen. Den Dill waschen und trocken schütteln, die Blätter abzupfen und zerkleinern.

5. Das Lachs-Sashimi mit den Grapefruit-Filets und den Fenchelscheiben auf vier Tellern anrichten. Mit den Pfefferbeeren bestreuen. Das Dressing darüberträufeln und alles mit dem Dill und dem Fenchelgrün garnieren.

RINDERTATAR MIT AVOCADO UND SPARGEL

4 PERSONEN
ZUBEREITUNGSZEIT: 40 MIN.

Für das Tatar
400 g Rinderfilet (in Tatarqualität)
1 Zitrone
Meersalz
schwarzer Pfeffer (frisch gemahlen)
2 Anchovisfilets (in Öl)

Für die Avocadocreme
1 Avocado
1 Limette
2 kleine grüne Chilischoten
Rauchsalz (ersatzweise Meersalz)

Außerdem
8 Stangen grüner Spargel
2 EL Olivenöl (extra vergine)
½ Beet Kresse (ersatzweise Radieschenkresse)

1. Für das Tatar das Filet trocken tupfen. Mit einem scharfen Messer von Haut und Sehnen befreien und in sehr feine Würfel schneiden. Die Zitrone auspressen. Das Filet mit 1 EL Zitronensaft, Salz und Pfeffer vermengen. Die Anchovisfilets mit einer Gabel zerdrücken und untermischen.

2. Für die Avocadocreme die Avocado entkernen. Das Fruchtfleisch mit einem Löffel aus der Schale lösen. Die Limette auspressen. Die Chilischoten waschen, halbieren, von Kernen und weißen Trennwänden befreien und fein hacken. Dann mit dem Fruchtfleisch der Avocado und dem Limettensaft zu einer glatten Creme pürieren und mit Rauchsalz abschmecken.

3. Den Spargel waschen, holzige Enden abschneiden. Mit einem Gemüsehobel oder einem Sparschäler längs in dünne Streifen schneiden. Die Spargelstreifen mit dem Olivenöl und dem restlichen Zitronensaft vermengen, salzen und pfeffern. Die Kresse waschen, trocken schütteln und vom Beet schneiden.

4. Das Tatar mithilfe eines Servierrings auf vier Teller portionieren. Spargel und Kresse darauf verteilen und alles mit der Olivenöl-Zitrone-Mischung beträufeln. Die Avocadocreme in einen Gefrierbeutel füllen, eine kleine Ecke abschneiden und kleine Cremetupfer auf die Teller setzen. Gleich servieren.

Vom Einfachen das Beste: Qualität und Frische sind oberste Maxime. Am liebsten kaufe ich auf dem Markt, beim Fischhändler und Metzger oder im Bioladen ein.

WASSERMELONEN-GRANITÉ MIT CHILI UND ERDBEEREN

4 PERSONEN
ZUBEREITUNGSZEIT: 25 MIN.
KÜHLZEIT: 4 STD.

1 kg Wassermelone
3 Limetten
1 kleine rote Chilischote
100 ml Apfelsaft
2 EL Agavendicksaft
100 g Zucker
250 g Erdbeeren

1. Die Wassermelone von Schale und Kernen befreien. Das Fruchtfleisch in grobe Stücke schneiden. Die Limetten auspressen. Chilischote waschen, halbieren, von Kernen und weißen Trennwänden befreien und fein hacken. Melone, Limettensaft, Chili, Apfelsaft und Agavendicksaft in einem Standmixer oder mit einem Pürierstab fein pürieren.

2. Melonenmischung in ein flaches Gefäß geben, abdecken und 3–4 Std. im Tiefkühlfach gefrieren lassen. Dabei alle ca. 30 Min. mit einer Gabel durchrühren, damit die Eiskristalle aufbrechen und das Granité die typische körnige Struktur erhält.

3. Die Erdbeeren waschen und mundgerecht zerkleinern.

4. Das Granité auf Dessertschälchen oder Gläser verteilen. Mit den Erdbeeren garnieren. Mit Löffel und Strohhalm servieren.

mell in
ndes-

den
chmä-
mixer)
ker
inem
großen

igen.
en.
nn die
pier in
lholz
se

n
e-
b,
en.

uf
it

CASHEW BITES MIT DATTEL-KARAMELL

FÜR 1 FORM À CA. 30 × 15 CM
(CA. 25 STÜCKE)
ZUBEREITUNGSZEIT: 25 MIN.
EINWEICHZEIT: 4 STD.
KÜHLZEIT: 3 STD.

Für den Boden
8 Medjool-Datteln (entsteint)
400 g Cashewkerne
80 g Feinblatt-Haferflocken
6 EL Kokosöl
½ TL Bourbonvanillepulver

Für das Dattelkaramell
10 Medjool-Datteln (entsteint)
½ Bio-Orange
4 EL Cashew-Mus
½ TL Meersalz

Außerdem
50 g Kakao
1 TL Meersalzflocken (z. B. Fleur de Sel)

1. Die 18 Datteln für den Boden und für das Dattelkara einem Schälchen mit warmem Wasser bedecken und m tens 4 Std. einweichen. Dann die Datteln abgießen.

2. Für den Boden 8 Datteln mit den Cashewkernen und Haferflocken in einem Hochleistungsmixer zu einer glei ßigen Masse verarbeiten. Alternativ (ohne Hochleistung die Cashewkerne und die Haferflocken in einem Blitzha fein mahlen, die Datteln in einem Standmixer oder mit e Pürierstab fein pürieren. Dann mit den Händen in einer Schüssel mit der Cashew-Mischung glatt kneten.

3. Das Kokosöl bei Bedarf im warmen Wasserbad verflüs Mit dem Vanillepulver unter die Cashew-Mischung men Eine Form (à ca. 30 × 15 cm) mit Backpapier auslegen. Da Cashew-Mischung mit einem Teigschaber auf das Backpa der Form streichen (ca. 1,5 cm hoch) und mit einem Nude oder einem Trinkglas gleichmäßig flach drücken. Die Ma 2–3 Std. im Kühlschrank fest werden lassen.

4. Für das Dattelkaramell die Orange heiß waschen, trock tupfen und die Schale fein abreiben. Die 10 restlichen, ein weichten und abgegossenen Datteln mit dem Orangenabri dem Cashew-Mus und dem Salz im Standmixer glatt pürie

5. Das Dattelkaramell mit einem Teigschaber gleichmäßig der Cashew-Mischung verteilen und glatt streichen. Alles Kakao bestäuben, mit den Meersalzflocken bestreuen und i ca. 25 Stücke schneiden.

ONE POT

KÜRBISSUPPE MIT PAPRIKA UND HARISSA-ÖL

4 PERSONEN
ZUBEREITUNGSZEIT: 50 MIN.

2 Schalotten
1 Butternuss-Kürbis (ca. 800 g)
4 rote Paprika (ca. 300 g)
1 Knoblauchknolle
2 EL Butter
3 EL Olivenöl (extra vergine)
2 EL Pinienkerne
50 ml Weißwein
1 l Gemüsebrühe
1 EL Akazienhonig
150 g Sahne
Meersalz
1 EL Harissa (scharfe Würzpaste)

1. Die Schalotten schälen und fein hacken. Kürbis längs halbieren, die Kerne und das darunterliegende faserige Fruchtfleisch mit einem Esslöffel entfernen. Kürbis schälen und klein würfeln.

2. Die Paprika waschen, halbieren, weiße Trennwände und Kerne entfernen und die Paprika klein schneiden. Die Knoblauchknolle mit Schale quer in ca. 0,5 cm dicke Scheiben schneiden.

3. Die Butter mit 1 EL Öl in einem großen Topf mit schwerem Boden schmelzen. Die Knoblauchscheiben darin bei kleiner Hitze unter gelegentlichem Wenden in 7–10 Min. weich dünsten. Dabei aufpassen, dass die Scheiben nicht zu dunkel werden. Dann herausnehmen und beiseitestellen. Die Pinienkerne in den Topf geben und goldgelb rösten, dann herausnehmen. Das restliche Fett im Topf belassen.

4. Die Temperatur erhöhen. Die Schalotten in das heiße Fett geben und unter Rühren 2–3 Min. andünsten. Dann die Kürbis- und Paprikastücke dazugeben und ca. 5 Min. mitdünsten. Alles mit Weißwein ablöschen und offen köcheln, bis der Wein vollständig verdampft ist. Dann mit der Brühe aufgießen und zugedeckt 20–25 Min. sanft köcheln.

5. Den Honig hinzufügen und die Suppe mit einem Pürierstab glatt pürieren. Die Sahne untermixen und alles heiß werden lassen. Mit Salz abschmecken.

6. Harissa (Menge nach Geschmack) mit dem restlichen Öl (2 EL) vermischen. Die Suppe auf vier Suppenschalen verteilen. Den gerösteten Knoblauch und die Pinienkerne daraufgeben und mit dem Harissa-Öl beträufeln.

BLUMENKOHLSUPPE MIT RAUCHMANDEL-DUKKAH

4 PERSONEN
ZUBEREITUNGSZEIT: 45 MIN.

Für die Suppe
1 große Zwiebel
3 Knoblauchzehen
4 EL Butter
½ Zitrone
1 Blumenkohl (ca. 800 g)
1 l Gemüsebrühe
Zimt
Muskatblüte
Meersalz
schwarzer Pfeffer (frisch gemahlen)
1 Handvoll Sprossen (nach Belieben; z. B. Sonnenblumen-, Alfalfa- oder Rettichsprossen)
1 EL Mandelöl

Für das Rauchmandel-Dukkah
2 EL Rauchmandeln
3 EL Dukkah (orientalische Gewürzmischung; Bioladen oder türkischer Lebensmittelladen)

1. Für die Suppe die Zwiebel und den Knoblauch schälen, Zwiebel klein würfeln und Knoblauch durchpressen. 2 EL Butter in einem Topf mit schwerem Boden schmelzen. Zwiebel ca. 3 Min. unter gelegentlichem Rühren bei kleiner Hitze darin andünsten, Knoblauch zugeben und ca. 3 Min. mitdünsten.

2. Inzwischen die Zitrone auspressen. Blumenkohl waschen, putzen und grob in Röschen teilen. Strunk einkürzen, schälen und grob zerkleinern. Mit den Röschen in den Topf geben und 3–4 Min. mitdünsten. Mit der Gemüsebrühe aufgießen und mit Zimt, Muskatblüte und Zitronensaft würzen.

3. Alles ca. 25 Min. zugedeckt sanft köcheln lassen. Dann mit einem Pürierstab fein pürieren und die restliche Butter (2 EL) untermixen. Mit Salz, Pfeffer und Muskatblüte abschmecken.

4. Inzwischen nach Belieben die Sprossen waschen und abtropfen lassen. Für das Rauchmandel-Dukkah die Mandeln grob hacken und das Dukkah untermischen.

5. Die Suppe in vier tiefen Tellern oder Schalen anrichten, mit Mandelöl beträufeln, mit dem Rauchmandel-Dukkah bestreuen und mit den Sprossen garnieren.

ITALIAN NEWS
IN THE WORLD
PRESS
RADIO
TELEVISION
USA
CANADA
RUSSIA
BRAZIL
VIETNAM
REGIONAL ORIGIN
OF AIRE MEMBERS
97

MÖHREN-SCHALOTTEN-GEMÜSE MIT SENFKAVIAR

4 PERSONEN
ZUBEREITUNGSZEIT: 40 MIN.
KÜHLZEIT: 48 STD.

Für den Senfkaviar
100 g helle und dunkle Senfkörner
½ Zitrone
180 ml Apfelessig
2 EL Akazienhonig
½ TL Meersalz

Für das Gemüse
500 g Möhren
350 g Schalotten
4 EL Butter
50 ml Gemüsebrühe
2 EL Dijon-Senf
gemahlener Koriander
gemahlener Kreuzkümmel
Meersalz
schwarzer Pfeffer (frisch gemahlen)
1 TL Akazienhonig
1 Handvoll Postelein (nach Belieben; ersatzweise Rucola)

1. Den Senfkaviar 2 Tage im Voraus zubereiten. Dazu die Senfkörner in einem Sieb gut waschen und abtropfen lassen. Zitrone auspressen und mit Senfkörnern, Essig, Honig und Salz in einem Topf kurz aufkochen. Bei kleiner Hitze ca. 5 Min. sanft köcheln. In sterilisierte Schraubgläser füllen, verschließen und den Senfkaviar mindestens 2 Tage im Kühlschrank ziehen lassen.

2. Dann die Möhren putzen, schälen und schräg in Scheiben schneiden. Wasser in einem Topf zum Kochen bringen und die Möhren ca. 3 Min. darin blanchieren. Danach abgießen, eiskalt abschrecken und beiseitestellen.

3. Die Schalotten schälen, größere Exemplare längs halbieren, kleinere ganz belassen. 2 EL Butter im Topf schmelzen, Schalotten hineingeben und unter gelegentlichem Rühren 8–10 Min. bei sanfter bis mittlerer Hitze darin dünsten. Dann herausnehmen und die Butter im Topf belassen.

4. Die Brühe zur Butter in den Topf gießen und den Senf einrühren. Mit Koriander, Kreuzkümmel, wenig Salz, Pfeffer und Honig abschmecken. Kurz aufkochen lassen, dann Möhren und Schalotten zugeben. Durchmischen, die restliche Butter (2 EL) zugeben und alles 2–3 Min. köcheln.

5. Inzwischen Postelein waschen und trocken schütteln. Das Möhren-Schalotten-Gemüse auf vier tiefe Teller verteilen. Mit dem Senfkaviar garnieren und mit Postelein bestreuen.

GRÜNES THAI-CURRY MIT MUSCHELN

4 PERSONEN
ZUBEREITUNGSZEIT: 25 MIN.

300 g Venusmuscheln
3 Schalotten
500 g grünes Gemüse (z. B. Spargel, Zuckerschoten, Baby-Pak-Choi, Sprossen)
1 EL Erdnussöl
3 EL grüne Currypaste
1 Dose Kokosmilch (400 g)
1 Limette
2 EL Fischsauce
Salz

1. Die Muscheln in einem Sieb gründlich waschen und abtropfen lassen. Beschädigte und offene Muscheln entfernen. Die Schalotten schälen und in feine Ringe schneiden.

2. Das Gemüse waschen, putzen und gegebenenfalls in mundgerechte Stücke schneiden. Wasser in einem Topf zum Kochen bringen und das Gemüse samt Schalotten ca. 3 Min. darin blanchieren. Abgießen und eiskalt abschrecken.

3. Das Öl im Topf erhitzen. Die Currypaste zugeben und unter Rühren kurz anschwitzen. Die Muscheln hinzufügen und bei starker Hitze zugedeckt ca. 3 Min. zugedeckt kochen, bis die Muscheln sich geöffnet haben. Ungeöffnete Muscheln entfernen.

4. Dann die Kokosmilch zugießen und alles ca. 5 Min. köcheln.

5. Das blanchierte Gemüse zugeben und in der Flüssigkeit heiß werden lassen. Die Limette auspressen und mit der Fischsauce unter das Curry rühren. Mit Salz abschmecken.

6. Das Thai-Curry in vier tiefen Tellern oder Schalen anrichten und gleich servieren.

Ein guter Vorrat ist die halbe Miete: Auch in der Minimalismus-Küche dürfen Basics wie Pasta, Reis, Hülsenfrüchte, Hartkäse, Zitronen, Eier, Gewürze etc. nicht fehlen.

WINTER-MINESTRONE

6 PERSONEN
ZUBEREITUNGSZEIT: 35 MIN.
GARZEIT: 90 MIN.
EINWEICHZEIT: 12 STD.

300 g Hülsenfrüchte-Mix (z. B. mit Linsen, Bohnen, Erbsen)
2 Stangen Staudensellerie
2 Stangen Lauch
1 kleiner Wirsing (400 g)
2 Zucchini
4 Möhren
3 Schalotten
4 EL Olivenöl
100 ml Weißwein
2 l Gemüsebrühe
1 Stück Parmesanrinde (ca. 8 cm lang)
1 Bio-Zitrone
Meersalz
schwarzer Pfeffer (frisch gemahlen)
40 g Parmesan

1. Die Hülsenfrüchte ca. 12 Std. (über Nacht) in kaltem Wasser einweichen. Dann durch ein Sieb abgießen und abbrausen.

2. Die Selleriestangen waschen, putzen und in Scheiben schneiden. Lauch putzen, waschen und in Ringe schneiden. Wirsing von den äußeren Blättern befreien, waschen, vierteln, vom Strunk befreien und in schmale Streifen schneiden. Zucchini und Möhren waschen und putzen, in Scheiben schneiden und diese vierteln. Schalotten schälen und fein hacken.

3. Öl in einem großen Topf erhitzen. Die Schalotten ca. 5 Min. darin andünsten. Den Sellerie zugeben und ca. 5 Min. zugedeckt mitdünsten. Dann den Wein zugießen und alles offen köcheln, bis die Flüssigkeit ganz verdampft ist.

4. Hülsenfrüchte, Brühe und Parmesanrinde zugeben und alles zum Kochen bringen. Nach Packungsanweisung 60–90 Min. zugedeckt köcheln lassen, bis die Hülsenfrüchte gar, aber noch leicht bissfest sind. Ca. 15 Min. vor Garzeitende Lauch, Wirsing, Zucchini und Möhren hinzufügen.

5. Die Zitrone heiß waschen und trocken tupfen, die Schale fein abreiben und den Saft auspressen, beides zur Minestrone geben. Mit Salz und reichlich Pfeffer abschmecken. Die Parmesanrinde entfernen, den Parmesankäse fein reiben.

6. Die Minestrone auf sechs tiefe Teller oder Schalen verteilen und mit dem Parmesan bestreuen.

Microplane
BLADE MADE IN U.S.A.

KITCHEN HEROES

DIE REIBE

1

Gut in der Hand liegen muss sie. Dazu sollte sie kompakt, robust und rasiermesserscharf sein. Die Klingen meiner Lieblingsreibe reiben eigentlich nicht, sie schneiden. Sie ist ein unersetzbares Universalgenie.

2

Für Zitronenzesten, Parmesanspäne oder Schokoladenflocken will ich meine Reibe nicht mehr missen. Sie nimmt es aber auch mit Gewürzen, Nüssen und mit Gemüse auf – Feintuning für Fortgeschrittene.

3

Safety first: Für präzises und sicheres Arbeiten die Reibe fest aufstellen oder – noch besser – in der Schüssel auflegen. Die stabile Seitenlage schützt die Finger und sorgt für ungetrübten Genuss.

CHICKEN SOUL SOUP

4 PERSONEN
ZUBEREITUNGSZEIT: 40 MIN.
GARZEIT: 3 STD.

1 küchenfertiges Suppenhuhn
3 Stangen Staudensellerie
2 Möhren
4 Schalotten
2 Stängel Zitronengras
1 Stück Ingwer (ca. 5 cm lang)
6 Kaffir-Limettenblätter
3 grüne Chilischoten
Meersalz
3 Sternanis
2 Limetten
2 EL Fischsauce
1 EL Agavendicksaft (ersatzweise Rohrohrzucker)
4 Stängel Thai-Basilikum (ersatzweise Brunnenkresse)

1. Das Suppenhuhn trocken tupfen. Den Sellerie waschen, putzen und in grobe Stücke schneiden, die Möhren putzen, schälen und ebenfalls in grobe Stücke schneiden. Die Schalotten schälen und halbieren. Zitronengras von den äußeren Blättern befreien und die Stängel z. B. mit einem Fleischklopfer flach klopfen und in grobe Stücke schneiden. Den Ingwer schälen und in Scheiben schneiden. Die Kaffir-Limettenblätter waschen. Chilischoten waschen, putzen und in feine Ringe schneiden.

2. Das Huhn mit Sellerie, Möhren, Schalotten, Zitronengras, Ingwer, Limettenblättern, Chilischoten, 1 Prise Salz und Anis in einen großen Topf geben und knapp mit Wasser bedecken. Zum Kochen bringen, die Temperatur reduzieren und die Suppe 2–3 Std. zugedeckt bei kleiner Hitze sanft köcheln. Dann etwas abkühlen lassen und durch ein Sieb gießen. Die aufgefangenen Zutaten bis auf das Huhn wegwerfen.

3. Das Hühnerfleisch von den Knochen lösen, dabei häuten und in mundgerechte Stücke zupfen oder schneiden. Die Brühe mitsamt Fleisch in den Topf füllen und erneut erhitzen. Limetten auspressen und die Brühe mit Limettensaft, Fischsauce, Agavendicksaft und Salz abschmecken. Das Thai-Basilikum waschen und trocken schütteln, die Blättchen von den Stängeln zupfen und nach Belieben zerkleinern.

4. Die Chicken Soul Soup in vier tiefe Teller oder Schalen füllen und mit dem Basilikum garnieren.

ERBSEN-RISOTTO MIT BURRATA

4 PERSONEN
ZUBEREITUNGSZEIT: 40 MIN.

750 g Erbsenschoten (ersatzweise 300 g TK-Erbsen)
800 ml Hühnerbrühe
2 Schalotten
2 Knoblauchzehen
2 EL Butter
250 g Risotto-Reis (z. B. Carnaroli, Arborio)
50 ml Weißwein
100 g Parmesan
1 Zitrone
Meersalz
schwarzer Pfeffer (frisch gemahlen)
2 große Kugeln Burrata (ca. 360 g; ersatzweise 4 kleine Kugeln oder 2 Kugeln Büffelmozzarella)
4 Stängel Kerbel (ersatzweise Basilikum oder Erbsensprossen)

1. Erbsen aus den Hülsen palen. Wasser in einem Topf zum Kochen bringen, die Erbsen 2–3 Min. darin kochen, dann abgießen. Hühnerbrühe in einem kleinen Topf erhitzen und zugedeckt warm halten. 5 EL Erbsen mit etwas Brühe fein pürieren.

2. Die Schalotten und den Knoblauch schälen und fein hacken. Butter in einem Topf bei kleiner Hitze schmelzen. Schalotten und Knoblauch unter Rühren glasig darin anschwitzen, dann den Reis ca. 5 Min. mit anschwitzen.

3. Den Weißwein zugießen und alles zum Kochen bringen. Unter gelegentlichem Rühren offen köcheln, bis der Wein fast vollständig verdampft ist. Dann den Reis in ca. 20 Min. bissfest, aber cremig kochen. Währenddessen immer wieder rühren und die heiße Brühe nach und nach angießen, dabei die Flüssigkeit immer wieder verkochen lassen und dann neu nachgießen.

4. Inzwischen Parmesan fein reiben. Die Zitrone auspressen. Kurz vor Garzeitende das Erbsenpüree unter den Risotto heben. Parmesan und Erbsen untermengen. Alles mit 2 EL Zitronensaft, Salz und reichlich schwarzem Pfeffer abschmecken.

5. Die Burrata-Kugeln halbieren oder grob zerzupfen. Den Kerbel waschen und trocken schütteln, Blättchen abzupfen und nach Belieben zerkleinern.

6. Den Risotto auf tiefe Teller verteilen. Burrata daraufgeben und alles mit Kerbel garnieren.

DINKEL-RAGOUT MIT SELLERIE UND WALNÜSSEN

4 PERSONEN
ZUBEREITUNGSZEIT: 55 MIN.

400 g Dinkelkörner (ersatzweise Weizenkörner)
2 Knoblauchzehen
1 Schalotte
4 EL Butter
500 ml Gemüsebrühe
400 g Staudensellerie
150 g Sahne
1 EL helle Misopaste
180 g Parmesan
2 EL Zitronensaft
Meersalz
schwarzer Pfeffer (frisch gemahlen)
4 EL Walnusskerne
4 Stängel Basilikum (ersatzweise Oregano, Thymian, Brunnenkresse)

1. Dinkelkörner in einem Sieb gründlich abspülen und abtropfen lassen. Knoblauch und Schalotte schälen und fein hacken. Butter in einem Topf schmelzen, Knoblauch und Schalotte darin unter Rühren 2–3 Min. anschwitzen. Dinkelkörner zugeben und 2–3 Min. mitdünsten, dann die Brühe dazugießen.

2. Alles aufkochen lassen und die Körner bei kleiner Hitze in ca. 40 Min. zugedeckt bissfest garen, dabei nach Bedarf etwas Wasser zugießen. Danach abgießen.

3. Inzwischen die Selleriestangen waschen und putzen, dabei gegebenenfalls harte Fäden von der Außenseite abziehen. Die Stangen in dünne Scheiben schneiden.

4. Sahne, Misopaste und Sellerie unter die Dinkelmischung rühren und alles weitere 5 Min. köcheln lassen. Inzwischen den Parmesan grob reiben, ca. 60 g davon beiseitestellen. Den Rest unter das Dinkel-Ragout heben. Alles unter Rühren kurz aufkochen lassen. Mit Zitronensaft, Salz und Pfeffer abschmecken.

5. Die Walnusskerne nach Belieben halbieren oder grob hacken. Basilikum waschen und trocken schütteln, die Blättchen abzupfen und nach Belieben zerkleinern. Das Dinkel-Ragout auf vier tiefen Tellern anrichten und mit den Walnüssen, dem übrigen Parmesan und Basilikum garnieren.

OKTOPUS MIT BOHNEN UND PAPRIKA

4 PERSONEN
ZUBEREITUNGSZEIT: 25 MIN.
GARZEIT: 60 MIN.

Für den Oktopus
300 g Favabohnenschoten (ersatzweise 100 g weiße Bohnen aus der Dose, Abtropfgewicht)
4 Knoblauchzehen
125 ml Essig
Meersalz
1 küchenfertiger Oktopus (ca. 800 g)
12 Mini-Paprika
1 Handvoll Baby-Blattspinat

Für das Dressing
½ Zitrone
3 EL Tahin (Sesampaste)
1 EL Olivenöl (extra vergine)
2 EL Vollmilchjoghurt
Meersalz
schwarzer Pfeffer (frisch gemahlen)

1. Für die Favabohnen Wasser in einem großen Topf mit schwerem Boden zum Kochen bringen. Inzwischen die Bohnenkerne aus den Schoten lösen. Die Kerne ca. 2 Min. im kochenden Wasser blanchieren. Die Knoblauchzehen mit Schale im Mörser leicht anquetschen, zu den Bohnen geben und ca. 2 Min. mitkochen. Dann beides abgießen und eiskalt abschrecken. Die äußere Haut von den Bohnenkernen entfernen.

2. Topf auswischen und darin für den Oktopus ca. 2 l Wasser mit dem Essig und etwas Salz zum Kochen bringen. Inzwischen den Oktopus waschen. Dann in das kochende Essigwasser geben. Der Oktopus sollte komplett mit Flüssigkeit bedeckt sein, sonst die entsprechende Menge Wasser nachgießen. Bei halb geöffnetem Topfdeckel je nach Größe in 50–60 Min. weich garen (Garprobe: Lässt sich der Oktopus mit einem spitzen Messer leicht einstechen, ist er gar).

3. Oktopus herausnehmen und unter fließendem kaltem Wasser abschrecken, dabei nach Belieben die violette Haut leicht abrubbeln. Auskühlen lassen und in mundgerechte Stücke schneiden.

4. Mini-Paprika und Baby-Spinat waschen und trocken tupfen.

5. Für das Dressing die Zitrone auspressen, den Saft mit Tahin, Öl und Joghurt zu einem Dressing verrühren. Mit Salz und Pfeffer abschmecken. Den Knoblauch aus der Schale drücken.

6. Den Oktopus mit den Mini-Paprika, dem Baby-Spinat, den Bohnen und dem Knoblauch unter das Dressing heben und ca. 5 Min. darin ziehen lassen, dann auf vier Tellern anrichten.

KITCHEN HEROES

DER TOPF

1

Ein guter Allround-Topf ist kratzfest, vielseitig einsetzbar und auch für hohe Temperaturen im Backofen geeignet. Die Griffe sollten daher nicht aus Kunststoff sein. Mein Topf ist aus Stahl und Emaille.

2

Tischlein deck dich? Bitte gerne. Bei meinem Lieblingstopf stimmt auch das Design. Ich kann ihn getrost vor meinen Gästen präsentieren und mitten auf die geschmückte Tafel stellen.

3

Heute Suppe, morgen Pasta, übermorgen Braten: Ich verwende meinen Topf für fast alles. Auch als Salatschüssel oder als Backform für Crumbles musste er schon herhalten. One pot, one love.

MEERESFRÜCHTE-POT

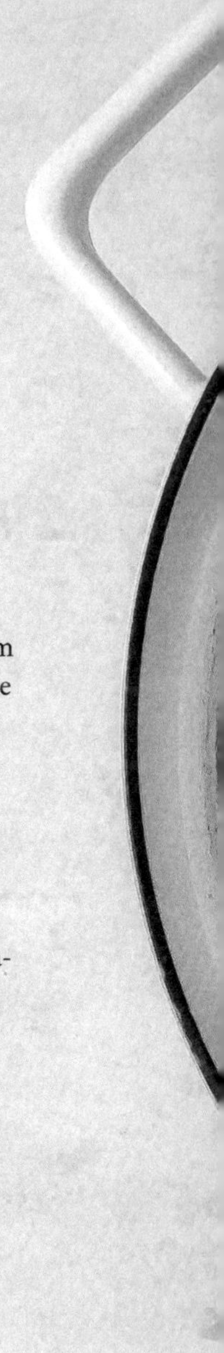

4 PERSONEN
ZUBEREITUNGSZEIT: 55 MIN.

4 Knoblauchzehen
2 Schalotten
2 Knollen Fenchel mit Grün
400 g Fischfilet (z. B. Kabeljau- oder Lachsfilet)
4 rohe ungeschälte Garnelen
500 g Muscheln (z. B. Mies- oder Venusmuscheln)
1 Zitrone
500 g Cocktailtomaten
2 rote Chilischoten
2 EL Olivenöl
800 ml Fischfond
Meersalz
schwarzer Pfeffer (frisch gemahlen)
1 EL edelsüßes Paprikapulver
2 EL Pernod (nach Belieben)

1. Knoblauch schälen und fein hacken, Schalotten schälen und in feine Ringe schneiden. Fenchel waschen und putzen, dabei holzige Stiele entfernen und Strunk flach abschneiden. Knollen in dünne Scheiben schneiden, Fenchelgrün kleiner zupfen.

2. Das Fischfilet trocken tupfen und in mundgerechte Stücke schneiden. Die Garnelen trocken tupfen. Die Muscheln in einem Sieb gründlich waschen und abtropfen lassen, dabei beschädigte und offene Muscheln entfernen.

3. Den Saft aus der Zitrone pressen. Die Cocktailtomaten waschen. Die Chilischoten waschen, von Kernen und Trennwänden befreien und klein hacken.

4. Öl in einem großen Topf mit schwerem Boden erhitzen. Schalotten und Knoblauch bei mittlerer Hitze ca. 3 Min. andünsten. Fenchel zugeben und 3–4 Min. mitdünsten. Mit dem Fond aufgießen und mit Salz, Pfeffer, Paprikapulver und Chilistückchen würzen. Aufkochen und ca. 5 Min. sanft köcheln.

5. Fischstücke zugeben und ca. 2 Min. köcheln, dann Cocktailtomaten, Garnelen und Muscheln hinzufügen und zugedeckt bei großer Hitze ca. 4 Min. sprudelnd kochen, bis die Muscheln sich geöffnet haben. Ungeöffnete Muscheln entfernen.

6. Den Meeresfrüchte-Pot mit Salz, Pfeffer, Zitronensaft und Pernod abschmecken, dann in vier tiefe Teller oder Suppenschalen geben. Nach Belieben mit dem Fenchelgrün garnieren.

PERSISCHES HUHN IN WALNUSS-GRANATAPFEL-SAUCE

4 PERSONEN
ZUBEREITUNGSZEIT: 1 STD.

1,2 kg Hähnchenoberkeulen (ersatzweise Hähnchenschenkel)
2 rote Zwiebeln
2 Knoblauchzehen
40 g Walnusskerne
4 Kardamomkapseln
½ TL schwarze Pfefferkörner
½ TL Zimt
2 EL Olivenöl
250 ml Hühnerbrühe
80 ml Grenadine (ersatzweise 120 ml Granatapfelsaft)
1 EL flüssiger Honig
1 Granatapfel

1. Das Hähnchenfleisch trocken tupfen, von Haut und Sehnen befreien. Zwiebeln und Knoblauch schälen und fein hacken. Die Walnüsse grob hacken. Kardamomkapseln aufbrechen, schwarze Samen entnehmen und im Mörser oder mit einem Messerrücken fein zerstoßen. Die Pfefferkörner zugeben und ebenfalls zerstoßen, Zimt untermischen.

2. Öl in einem Bräter oder in einem breiten Topf mit schwerem Boden erhitzen. Das Hähnchenfleisch darin bei großer Hitze rundum goldbraun anbraten. Dann das Fleisch herausnehmen, abdecken und beiseitestellen.

3. Die Temperatur etwas reduzieren. Zwiebeln und Knoblauch in den Topf geben und unter Rühren ca. 3 Min. andünsten. Die Kardamom-Gewürzmischung und zwei Drittel der Walnüsse zugeben und unter Rühren kurz mitbraten. Brühe und Grenadine dazugießen und alles kurz aufkochen lassen.

4. Das Hähnchenfleisch wieder in den Topf geben und mit Honig beträufeln. Bei halb geschlossenem Deckel je nach Dicke der Stücke in 30–40 Min. fertig garen, bis die Sauce leicht eingedickt ist. Dabei das Fleisch gelegentlich wenden.

5. Inzwischen den Granatapfel halbieren, die Kerne über einer Schüssel aus den Trennhäuten lösen, dabei den austretenden Saft auffangen und zur Sauce geben.

6. Das Hähnchenfleisch mit der Walnuss-Granatapfel-Sauce auf vier Teller verteilen. Die Granatapfelkerne und die restlichen Walnüsse darübergeben. Dazu passt Reis.

RHABARBERKOMPOTT MIT KARAMELL, JOGHURT UND BAISER

4 PERSONEN
ZUBEREITUNGSZEIT: 35 MIN.

300 g Rhabarber
1 Grapefruit
1 Vanilleschote
3 EL Akazienhonig
60 g Rohrohrzucker
150 g Crème fraîche
4 Baisertropfen (Fertigprodukt)
500 g griechischer Joghurt (ersatzweise Sahnequark)

1. Den Rhabarber waschen, die Enden abschneiden und die Fäden abziehen. Rhabarber in 4–5 cm lange Stücke schneiden. Die Grapefruit auspressen. Vanilleschote längs aufschneiden und das Mark herauskratzen. Rhabarber, Grapefruitsaft, Vanillemark und 2 EL Honig in einen Topf geben.

2. Alles kurz aufkochen lassen. Die Temperatur reduzieren und den Rhabarber bei halb geschlossenem Deckel je nach Dicke 5–6 Min. sanft garen, sodass der Rhabarber nicht zerfällt. Für eine Garprobe den Rhabarber vorsichtig mit einer Messerspitze einstechen: Ist er weich genug, mit einer Schaumkelle herausheben und abkühlen lassen.

3. Die Temperatur erhöhen und den Zucker mit der verbliebenen Flüssigkeit im Topf verrühren, bis sich der Zucker vollständig aufgelöst hat. Kurz einkochen lassen, Crème fraîche unterrühren und alles in 3–4 Min. unter Rühren zu einer dicken, glänzenden Karamellsauce einkochen. Vom Herd nehmen.

4. Die Baisertropfen in grobe Stücke brechen. Den Joghurt mit dem restlichen Honig (1 EL) glatt rühren.

5. Die Joghurtcreme auf kleine Schälchen oder Dessertgläser verteilen. Dann die Baiserstückchen und das Kompott daraufgeben und alles mit dem Rhabarber-Karamell beträufeln.

Cremiges liebt Knuspriges – spielen Sie mit den Texturen. Croûtons, Nüsse, Kekse, Baiser, Granola oder Kakao-Nibs sorgen für den raffinierten Knusper-Kick.

POCHIERTE NEKTARINEN MIT SCHWEDENMILCH

4 PERSONEN
ZUBEREITUNGSZEIT: 30 MIN.

4 Nektarinen
1 Bio-Zitrone
500 ml Weißwein
1 Zimtstange
2 EL Honig
100 g Cantuccini (toskanische Mandelkekse; ersatzweise Haferkekse)
1 l Schwedenmilch (ersatzweise Kefir oder Buttermilch)
½ TL Meersalzflocken (z. B. Fleur de Sel)

1. Die Haut der Nektarinen am Stielansatz kreuzweise einritzen. Die Nektarinen mit kochendem Wasser überbrühen, kurz in Eiswasser abschrecken und die Haut vorsichtig abziehen.

2. Die Zitrone heiß waschen und trocken tupfen, die Schale fein abreiben. Wein in einem Topf mit schwerem Boden erhitzen. Zitronenabrieb, Zimtstange und Honig zum Wein geben. Die Nektarinen vorsichtig in den Topf gleiten lassen und je nach Reife und Größe 10–12 Min. zugedeckt leicht köcheln. Topf vom Herd nehmen und die Nektarinen im Sud auskühlen lassen.

3. Die Nektarinen vorsichtig auf einen Teller geben. Den Sud erneut erhitzen und unter gelegentlichem Rühren bei mittlerer Hitze köcheln, bis er dickflüssig und glänzend ist.

4. Inzwischen die Kekse nach Belieben zerbröseln.

5. Die Schwedenmilch auf Teller oder Schalen verteilen. Die pochierten Nektarinen und die Kekse hineingeben. Mit dem Sud beträufeln und mit den Salzflocken bestreuen.

SECHS GEWINNT

KRABBEN-TOASTS

4 PERSONEN
ZUBEREITUNGSZEIT: 15 MIN.

500 g Nordseekrabben (in Lake; küchenfertig und gegart; ersatzweise kleine Tiefseegarnelen oder Flusskrebse)
4 EL weiche gesalzene Butter
4 EL körniger Dijon-Senf
4 EL Mayonnaise
1 Beet Kresse (ersatzweise Brunnen- oder Rettichkresse)
8 Scheiben Dinkel-Toastbrot

1. Die Krabben in einem Sieb abspülen und abtropfen lassen.

2. Die Butter und 3 EL Senf mit den Rührbesen eines Handrührgeräts cremig aufschlagen.

3. Die Mayonnaise mit dem restlichen Senf (1 EL) glatt rühren, dann die Krabben unterheben.

4. Kresse waschen, trocken schütteln und vom Beet schneiden.

5. Die Toastscheiben goldbraun toasten. Nach Belieben quer halbieren oder mithilfe eines Servierrings Kreise ausstechen. Mit der Senfbutter bestreichen.

6. Die Krabben-Mayo-Mischung auf der Senfbutter verteilen und die Toasts mit Kresse garnieren.

SCHAFSKÄSE IM KÜRBIS-ZUCCHINI-MANTEL

4 PERSONEN
ZUBEREITUNGSZEIT: 20 MIN.

1 Zucchino
½ Butternuss-Kürbis (ca. 400 g)
400 g marinierter Schafskäse (z. B. Feta)
Meersalz
½ Bund gemischte Kräuter (z. B. Basilikum, Rosmarin, Estragon, Kerbel; ersatzweise ½ Beet Kresse)
6 EL Olivenöl (extra vergine)

1. Zucchino waschen, putzen und mit einem Sparschäler oder einem Gemüsehobel längs in hauchdünne, breite Streifen hobeln. Mithilfe eines Esslöffels die Kerne aus dem Kürbis herausschaben, den Kürbis schälen und das Fruchtfleisch ebenfalls in hauchdünne, breite Scheiben hobeln.

2. Salzwasser in einem Topf zum Kochen bringen, Zucchini- und Kürbisstreifen ca. 30 Sek. darin blanchieren. Mit einem Schaumlöffel herausheben und gleich eiskalt abschrecken. Auf Küchenpapier abtropfen lassen.

3. Den Schafskäse in vier Stücke teilen, mit den Zucchini- und Kürbisstreifen umwickeln und mit wenig Salz würzen. Die Kräuter waschen und trocken schütteln, die Blätter abzupfen und nach Belieben zerkleinern.

4. Die ummantelten Fetastücke auf Teller verteilen, mit dem Olivenöl beträufeln und mit den Kräutern garnieren.

OFEN-SPARGEL MIT MISO-MAYO UND LEINSAMEN-CRACKERN

4 PERSONEN
ZUBEREITUNGSZEIT: 40 MIN.

2 ganz frische Eier (M)
5 EL Goldleinsamen (ersatzweise Leinsamen)
2 ½ EL helle Misopaste
1 Bio-Zitrone
130 ml Sonnenblumenöl
1 kg weißer Spargel

1. Backofen auf 120° vorheizen. Für die Leinsamen-Cracker die Eier trennen. Die beiden Eiweiße steif schlagen, Goldleinsamen und ½ EL Misopaste gründlich untermengen. Ein Backblech mit Backpapier auslegen und den Leinsamenteig mithilfe eines Teigschabers möglichst dünn auf das Backpapier streichen. Im heißen Ofen bei 120° (Mitte) ca. 15 Min. backen.

2. Inzwischen für die Miso-Mayo die beiden Eigelbe mit der übrigen Misopaste (2 EL) in einen hohen Rührbecher oder Standmixer füllen. Die Zitrone heiß waschen und trocken tupfen, die Schale fein abreiben und den Saft auspressen. Jeweils zwei Drittel Abrieb und Saft zu den Eigelben geben und mit dem Standmixer oder einem Pürierstab untermengen.

3. 100 ml Öl langsam in einem dünnen Strahl zugießen, dabei weitermixen, bis eine gleichmäßig dicke, cremige Mayonnaise entstanden ist. Abschmecken und abgedeckt beiseitestellen.

4. Den Spargel waschen, schälen und die holzigen Enden entfernen. Die Cracker aus dem Ofen nehmen und abkühlen lassen, die Backofentemperatur auf 180° erhöhen. Die Spargelstangen nebeneinander in eine ofenfeste Form legen. Restlichen Zitronenabrieb und -saft darübergeben und alles mit dem übrigen Öl (30 ml) beträufeln. Die Form mit einem Stück Alufolie abdecken und den Spargel je nach Dicke der Stangen 20–25 Min. im heißen Ofen (Mitte) backen. Garprobe: Lassen sich die Stangen mit einem spitzen Messer leicht einstechen, sind sie fertig.

5. Die Spargelstangen auf vier Tellern anrichten und mit dem Sud aus der Form beträufeln. Gleich mit der Miso-Mayo und den Leinsamen-Crackern servieren.

MAISKOLBEN MIT CAJUN-BUTTER UND PARANÜSSEN

4 PERSONEN
ZUBEREITUNGSZEIT: 40 MIN.

4 Maiskolben
50 g weiche Butter
1 EL Zucker
Meersalz
1 EL Cajun-Gewürz (Bio-Supermarkt oder Gewürzfachhandel; ersatzweise Curry)
6 Paranusskerne

1. Wasser in einem großen Topf zum Kochen bringen. 1 TL Butter, Zucker und 1 EL Salz zugeben. Die Maiskolben von Hüllblättern und Fäden befreien, dann waschen.

2. Den Mais in das kochende Wasser geben und 20–30 Min. zugedeckt kochen (Garprobe machen).

3. Inzwischen die restliche Butter mit dem Cajun-Gewürz und 1 Prise Salz mit den Rührbesen eines Handrührgeräts oder mit einem Schneebesen cremig schlagen.

4. Die Paranüsse fein reiben oder in einem Blitzhacker fein mahlen und mit etwas Salz würzen.

5. Die Maiskolben abgießen, gut abtropfen lassen und gleich auf vier Teller verteilen. Mit der Cajun-Butter bestreichen und mit den gemahlenen Paranüssen bestreuen.

RAUCHIGE AUBERGINE MIT LABNEH

4 PERSONEN
ZUBEREITUNGSZEIT: 45 MIN.
RUHEZEIT: 12 STD.

500 g griechischer Joghurt
Rauchsalz
5 Auberginen
4 EL Olivenöl (extra vergine)
½ Bio-Zitrone
½ Bund gemischte Kräuter (z. B. Basilikum, Petersilie, Brunnenkresse)

1. Für das Labneh (Frischkäse) ein Sieb mit einem sauberen Geschirrtuch auslegen. Das Sieb auf ein passendes Auffanggefäß legen. Joghurt mit ½ TL Rauchsalz verrühren und in das Sieb geben. Die Ecken des Tuchs darüberschlagen und den Joghurt mit einem Teller und einer Konservendose beschweren. Mindestens 12 Std. (über Nacht) im Kühlschrank abtropfen lassen.

2. Den Backofen auf 180° vorheizen. Die Auberginen waschen und ringsum mehrfach mit einem spitzen Messer ca. 0,5 cm tief einstechen. Ein Backblech mit Backpapier auslegen. Die Auberginen daraufgeben und im heißen Ofen (Mitte) je nach Größe in 25–35 Min. weich backen.

3. Inzwischen die Zitrone heiß waschen und trocken tupfen, die Schale fein abreiben und den Saft auspressen. Das Labneh aus dem Kühlschrank nehmen und die verbliebene Flüssigkeit herausdrücken. Mit dem Zitronenabrieb würzen.

4. Die Kräuter waschen und trocken schütteln, die Blättchen von den Stängeln zupfen und nach Belieben zerkleinern.

5. Auberginen leicht abkühlen lassen. Aus einer Aubergine das Fruchtfleisch mit einem Esslöffel herauskratzen und mit Rauchsalz und Zitronensaft cremig pürieren. Die restlichen vier Auberginen längs halbieren, mit dem Rauchsalz bestreuen und mit jeweils 1 EL Olivenöl beträufeln.

6. Die Auberginen mit den Kräutern, dem Labneh und der Auberginencreme auf vier Tellern anrichten.

GEBACKENE SÜSSKARTOFFELN MIT ZITRONEN-MISO-CREME

4 PERSONEN
ZUBEREITUNGSZEIT: 45 MIN.

4 Süßkartoffeln
1 Bio-Zitrone
350 g Crème fraîche
1 ½ EL helle Misopaste
50 g geröstete Salzmandeln
50 g geröstete Sojakerne (Fertigprodukt)

1. Den Backofen auf 200° vorheizen. Die Süßkartoffeln mit einer Gemüsebürste gründlich waschen, dann mit einem Geschirrtuch trocken tupfen. Ein Backblech mit Backpapier auslegen, die Süßkartoffeln mit einer Gabel mehrfach rundum einstechen und auf das Backblech legen. Im heißen Ofen (Mitte) je nach Größe in 35–40 Min. weich garen.

2. Inzwischen die Zitrone heiß waschen und trocken tupfen, die Schale fein abreiben und den Saft auspressen. Die Crème fraîche mit der Misopaste, Zitronensaft und -abrieb glatt rühren.

3. Die Süßkartoffeln auf vier Teller verteilen und der Länge nach aufschneiden. Die Zitronen-Miso-Creme, die Salzmandeln und die Sojakerne darübergeben.

KITCHEN HEROES

DIE ZITRONE

1

Die Zitrone ist ein echter Allrounder und sollte in keiner Küche fehlen. Ich verwende sie ständig für Desserts, Dressings, Fisch, Fleisch oder Gemüse – alles profitiert von ihrem Frische-Kick.

2

From juice to zest: Gerade bei Zitronen sollte man unbedingt auf Bio-Qualität achten, damit auch die Schale mit ihren ätherischen Ölen abgerieben und bedenkenlos verwendet werden kann.

3

Keine Zitronenpresse? Es geht auch mit purer Muskelkraft. Für eine maximale Saftausbeute die Zitrone unter leichtem Druck auf der Arbeitsplatte hin- und herrollen. So wird der Saft optimal freigesetzt.

ZIEGENKÄSE-TARTELETTES MIT FRÜHLINGSGEMÜSE

6 PERSONEN
ZUBEREITUNGSZEIT: 55 MIN.
KÜHLZEIT: 1 STD. 30 MIN.

170 g Dinkelmehl
Salz
80 g kalte Butter
400 g Ziegenfrischkäse
400 g Frühlingsgemüse (z. B. grüner Spargel, Frühlingszwiebeln, Mairübchen, Zuckerschoten, Erbsen)
½ Bund gemischte Kräuter (z. B. Basilikum, Kerbel, Melisse)

Außerdem
6 kleine Tartelette-Förmchen (ca. 12 cm ∅)
getrocknete Hülsenfrüchte zum Blindbacken

1. 150 g Mehl und ½ TL Salz auf eine Arbeitsfläche häufen, Butter in Flöckchen daraufgeben. Unter Zugabe von 60–70 ml kaltem Wasser alles rasch zu einem Mürbteig verkneten. Den Teig zu einer Kugel formen, mit den Händen flach drücken, in Klarsichtfolie wickeln und mindestens 1 Std. kühl stellen.

2. Die Arbeitsfläche mit dem restlichen Mehl (ca. 20 g) bestäuben. Den Teig möglichst dünn ausrollen. Sechs Kreise aus dem Teig ausstechen, die etwas größer als die Förmchen sind (z. B. mit einem Ausstecher oder einer Müslischale). Förmchen samt Rändern gleichmäßig damit auslegen, Teigböden mehrfach mit einer Gabel einstechen und erneut ca. 30 Min. kalt stellen.

3. Inzwischen Backofen auf 200° vorheizen. Aus Backpapier sechs Kreise in der Größe der Tartelette-Förmchen ausschneiden und die Teigböden damit bedecken. Die Backpapier-Kreise mit Hülsenfrüchten bedecken, damit der Teig in Form bleibt.

4. Teigböden ca. 15 Min. im heißen Ofen (Mitte) backen. Backpapier und Hülsenfrüchte entfernen, die Böden kurz abkühlen lassen. Ofentemperatur auf 180° reduzieren. Ziegenkäse und 1 Prise Salz mit einem Schneebesen locker aufschlagen. Die Tartelettes damit bestreichen und in ca. 10 Min. fertig backen. Dabei mit Backpapier abdecken, falls sie zu dunkel werden.

5. Inzwischen das Frühlingsgemüse waschen, putzen und bei Bedarf klein schneiden. In sprudelnd kochendem Wasser ca. 2 Min. blanchieren, dann abgießen, eiskalt abschrecken und gut abtropfen lassen. Die Kräuter waschen und trocken schütteln, Blättchen abzupfen und nach Belieben zerkleinern.

6. Die Tartelettes kurz abkühlen lassen. Das Frühlingsgemüse darauf verteilen, salzen und mit den Kräutern garnieren.

PORTOBELLO-PILZE MIT SCHAFSKÄSE

4 PERSONEN
ZUBEREITUNGSZEIT: 30 MIN.
EINWEICHZEIT: 12 STD.

100 g Sonnenblumenkerne
2 Knoblauchzehen
5 EL Olivenöl (extra vergine)
8 Portobello-Pilze (ersatzweise weiße Riesenchampignons)
1 Bund gemischte Kräuter (z. B. Basilikum, Minze, Rosmarin, Thymian)
200 g Schafskäse

1. Sonnenblumenkerne mindestens 8 Std., besser über Nacht in kaltem Wasser einweichen, dann abgießen.

2. Den Backofen auf 180° vorheizen. Den Knoblauch schälen, klein hacken und mit 2 EL Öl vermischen.

3. Die Pilze putzen und bei Bedarf trocken abreiben, Stiele entfernen. Pilze mit der runden Seite nach unten in eine ofenfeste Form legen und mit der Hälfte des Knoblauchöls bepinseln.

4. Pilze je nach Größe 20–25 Min. im heißen Ofen (Mitte) backen, dabei mehrfach mit dem übrigen Knoblauchöl bepinseln. Nach ca. 10 Min. Backzeit mit einem Stück Alufolie abdecken.

5. Inzwischen die Kräuter waschen und trocken schütteln, die Blättchen von den Stängeln zupfen und nach Belieben zerkleinern. Den Schafskäse grob zerbröckeln. Mit der Hälfte der Sonnenblumenkerne, der Hälfte der Kräuter, dem restlichen Olivenöl (3 EL) und 4–5 EL Wasser in einem Standmixer oder mit einem Pürierstab zu einer glatten Creme pürieren.

6. Die Portobello-Pilze auf Teller verteilen. Die Schafskäsecreme in die Pilzhüte geben, mit den übrigen Sonnenblumenkernen bestreuen und mit den restlichen Kräutern garnieren.

Das Aroma-Tüpfelchen auf dem i: Kräuter und Sprossen gehören unbedingt zu meiner Minimalismus-Küche. Sie peppen jedes noch so schlichte Gericht innerhalb von Sekunden auf!

PASTA PEPERONATA MIT ANCHOVIS

4 PERSONEN
ZUBEREITUNGSZEIT: 50 MIN.

6 rote Spitzpaprika
4 EL Olivenöl
1 ½ EL gereifter Aceto balsamico
Meersalz
6 Anchovis (in Öl)
500 g Nudeln (z. B. Maltagliati, Farfalle oder Penne)

1. Backofen auf 200° vorheizen. Die Paprika waschen, halbieren und putzen, dabei weiße Trennwände und Kerne entfernen. Einen Backofenrost mit Backpapier belegen. Paprika darauflegen und im heißen Ofen (Mitte) 15–20 Min. rösten, bis die Haut schwarze Blasen wirft. Abkühlen lassen und die Haut mit einem spitzen Messer abziehen. Fruchtfleisch in Streifen schneiden.

2. Die Hälfte der Paprikastreifen mit 1 EL Olivenöl, 1 EL Aceto Balsamico und etwas Salz fein pürieren.

3. Eine große Pfanne mit 2 EL Olivenöl erhitzen. Die übrigen Paprikastreifen zugeben, kurz darin anbraten und 50 ml Wasser zugießen. Alles ca. 15 Min. zugedeckt köcheln lassen. Die Anchovis abgießen, 2 Anchovis fein hacken und unterheben. Mit Aceto balsamico abschmecken.

4. Inzwischen Salzwasser in einem Topf zum Kochen bringen. Die Nudeln darin nach Packungsanweisung al dente garen. Dann abgießen und einen Teil des Nudelwassers auffangen.

5. Die Pasta mit 3–4 EL Nudelwasser und dem Paprikapüree unter die Paprikastreifen in der Pfanne heben, gut vermischen.

6. Die Pasta Peperonata auf vier tiefe Teller geben, die restlichen Anchovis darauf verteilen. Mit dem übrigen Olivenöl (1 EL) und dem restlichen Aceto balsamico (½ EL) beträufeln.

POLENTA MIT PFIFFERLINGEN UND BEURRE NOISETTE

4 PERSONEN
ZUBEREITUNGSZEIT: 35 MIN.

150 ml Milch
Meersalz
300 g Polenta (Maisgrieß)
125 g Butter
300 g Pfifferlinge
80 g Bergkäse

1. Die Milch mit 700 ml Wasser und etwas Salz in einem großen Topf zum Kochen bringen. Vom Herd nehmen und den Maisgrieß langsam einrieseln lassen, dabei mit einem großen Schneebesen kräftig rühren, damit sich keine Klumpen bilden.

2. Den Maisgrieß bei kleiner Hitze unter gelegentlichem Rühren nach Packungsanweisung ca. 20 Min. garen, bei Bedarf noch etwas Wasser untermischen. Mit Salz abschmecken. Inzwischen die Pfifferlinge putzen und bei Bedarf trocken abreiben.

3. 100 g Butter klein würfeln und in einem kleinen Topf schmelzen. Die Butter unter Rühren mit einem Schneebesen oder Kochlöffel bei kleiner Hitze sanft köcheln, bis sie eine haselnussbraune Farbe annimmt. Dabei ständig aufpassen, dass die Butter nicht zu dunkel wird und verbrennt. Topf vom Herd ziehen, Butter in ein Schälchen gießen und abgedeckt beiseitestellen.

4. Restliche Butter (25 g) erhitzen, Pfifferlinge darin unter gelegentlichem Rühren 5–6 Min. anbraten. Käse grob reiben.

5. Die Polenta mit den Pfifferlingen auf vier tiefe Teller oder Schalen verteilen. Mit der Beurre noisette beträufeln und mit dem geriebenen Bergkäse bestreuen.

Weniger ist mehr: Wie viele Zutaten braucht man für ein gutes Rezept? Oft ist die Konzentration auf einige wenige Komponenten der Schlüssel zum Glück.

KITCHEN HEROES

BUTTER

1

Life is better with butter. Sie ist für mich pures Glück, vor allem auf frischem Brot. Der zarte Schmelz verfeinert aber auch Fisch, Meeresfrüchte, Geflügel, Getreidegerichte, Saucen und Gemüse.

2

Es gibt Tage, an denen verlässt mich die Inspiration. Dann gibt es einfach einen Teller dampfende Pasta bianca – nur mit etwas Butter, Salz und Pfeffer und reichlich frisch geriebenem Parmesan.

3

Nussbutter oder Beurre noisette mache ich gern auf Vorrat. Im Kühlschrank hält sie sich so lang wie normale Butter, bei Bedarf muss sie nur kurz erhitzt werden. Perfekt für Aroma-Special-Effects.

KABELJAU MIT ARTISCHOCKEN UND OLIVEN

4 PERSONEN
ZUBEREITUNGSZEIT: 35 MIN.

1 ½ Bio-Zitronen
4 große Artischocken (ersatzweise 8 kleine Artischocken)
4 EL Olivenöl
Meersalz
1 kg Kabeljaufilet
50 g schwarze Oliven (entsteint)

1. 1 Zitrone heiß waschen und trocken tupfen, die Schale fein abreiben und den Saft auspressen. Ca. 2 l Wasser in eine Schüssel füllen und mit dem Zitronensaft mischen.

2. Backofen auf 180° vorheizen. Die Artischocken unter fließendem Wasser waschen. Äußere, harte Blätter entfernen und das obere Drittel der Artischocken mit einem scharfen Messer abschneiden. Stiele je nach Qualität ganz entfernen oder auf ca. 5 cm einkürzen. Artischocken längs achteln und gleich in das Zitronenwasser legen, damit sie nicht braun werden.

3. Die Artischocken abgießen und kurz abtropfen lassen, dann trocken tupfen. 2 EL Olivenöl in einer ofenfesten Pfanne mit schwerem Boden erhitzen. Die Artischocken hineingeben, salzen und 3–4 Min. zugedeckt dünsten. Dann herausnehmen und beiseitestellen, die Pfanne auswischen.

4. Den Kabeljau trocken tupfen und in vier gleich große Stücke teilen. Die restliche ½ Zitrone auspressen, den Saft mit 1 EL Olivenöl mischen. Das restliche Olivenöl (1 EL) in der Pfanne bei mittlerer Hitze erhitzen. Die Kabeljaustücke mit der Hautseite nach unten ca. 30 Sek. anbraten, dann die Artischocken und die Oliven darauf verteilen.

5. Alles in der offenen Pfanne im heißen Ofen (Mitte) je nach Dicke der Fischstücke in 5–8 Min. fertig garen, dabei mehrfach mit der Olivenöl-Zitronen-Mischung beträufeln.

6. Den Kabeljau und das Artischocken-Oliven-Gemüse auf Teller verteilen. Mit dem Zitronenabrieb und etwas Salz bestreuen und mit der restlichen Olivenöl-Zitronen-Mischung beträufeln.

LAMMKARREE MIT GEMÜSE IN PERGAMENTPAPIER

4 PERSONEN
ZUBEREITUNGSZEIT: 45 MIN.

600 g Gemüse (z. B. Kartoffeln, Möhren, Sellerie, Pastinaken)
1 Knoblauchknolle
1 Bio-Orange
700 g küchenfertiges Lammkarree (beim Metzger vorbestellen, Knochen freischaben lassen)
Meersalz
5 EL Olivenöl

1. Das Gemüse putzen, bei Bedarf schälen und in 2–3 cm große Stücke schneiden. Die Knoblauchknolle mit Schale quer in ca. 0,5 cm dicke Scheiben schneiden. Orange heiß waschen und trocken tupfen, Schale fein abreiben und Saft auspressen.

2. Den Backofen auf 160° vorheizen. Das Lammkarree trocken tupfen und mit Salz würzen. 2 EL Öl in einer Pfanne mit schwerem Boden erhitzen und das Fleisch darin rundum scharf anbraten. Herausnehmen und kurz ruhen lassen. Den Bratensatz mit dem Orangensaft ablöschen, Orangenabrieb unterrühren.

3. Ein großes Stück Pergamentpapier in eine ofenfeste Form legen. Das Lammkarree, das Wurzelgemüse und die Knoblauchscheiben mittig daraufgeben. Mit dem Bratensaft und dem restlichen Olivenöl (3 EL) beträufeln und alles im Papier einschlagen. Im heißen Ofen (Mitte) 10–15 Min. garen (die ideale Kerntemperatur für das Lammkarree beträgt 58°).

4. Das Fleisch herausnehmen, in Alufolie einschlagen und ca. 10 Min. darin ruhen lassen. Inzwischen die Backofentemperatur auf 190° erhöhen, das Gemüse wieder im Pergamentpapier einschlagen und fertig garen.

5. Das Lammkarree in vier Portionen aufteilen und mit dem Gemüse auf vier Tellern anrichten.

LEMON-CURD-SEMIFREDDO

1 KASTENFORM À CA. 20 CM LÄNGE (8 STÜCKE)
ZUBEREITUNGSZEIT: 50 MIN.
TIEFKÜHLZEIT: 4 STD.

250 g Schlagsahne
1 Vanilleschote
250 g Crème fraîche
150 g Baisertropfen (Fertigprodukt)
300 g Lemon Curd
Meersalzflocken zum Bestreuen (z. B. Fleur de Sel; ersatzweise Vanillesalz)

1. Die Kastenform mit Frischhaltefolie auslegen, dabei an einer langen Seite so viel Folie zugeben, dass sie später über die Form geschlagen werden kann.

2. Die Sahne steif schlagen. Die Vanilleschote längs aufschneiden, das Mark mit einem Messer herauskratzen und in einer zweiten Schüssel mit der Crème fraîche verrühren. Dann die Sahne mit einem Löffel unterschlagen.

3. Baisertropfen mit den Händen zerkrümeln. Einige Brösel für die Garnitur beiseitelegen, restliches Baiser mit einem Teigschaber unter die Sahnemischung heben. Den Lemon Curd ebenfalls unterheben, bis sich alle Zutaten miteinander verbunden haben. Die Masse in die Kastenform füllen, mit Frischhaltefolie abdecken und mindestens 4 Std. im Tiefkühlfach gefrieren lassen.

4. Das Semifreddo aus dem Tiefkühlfach nehmen, 15–20 Min. im Kühlschrank antauen lassen. Mithilfe der Folie aus der Form heben und auf eine Platte stürzen. Die Folie entfernen und das Semifreddo in Scheiben schneiden. Auf Dessertteller verteilen und mit den Salzflocken und dem restlichen Baiser bestreuen.

MANDELKUCHEN

1 SPRINGFORM À CA. 26 CM Ø (12 STÜCKE)
ZUBEREITUNGSZEIT: 20 MIN.
GARZEIT: 1 STD.

120 ml Olivenöl
5 Eier
150 g Muscovadozucker (ersatzweise ein anderer Rohrohrzucker)
½ Vanilleschote
300 g gemahlene Mandeln
2 TL Backpulver

1. Den Backofen auf 170° vorheizen. Ein Stück Backpapier auf dem Boden einer Springform einspannen. Den Rand der Form dünn mit Öl bepinseln.

2. Die Eier trennen. Die Eigelbe und den Zucker mit den Rührbesen eines Handrührgeräts schaumig schlagen. Die Vanilleschote längs aufschneiden, das Mark herauskratzen und zu der Eiermischung geben. Das Olivenöl nach und nach unter Rühren dazugießen. Die gemahlenen Mandeln und das Backpulver vermischen und die Eiermischung untermengen.

3. Die Eiweiße in einer zweiten Schüssel steif schlagen und mit einem Schneebesen vorsichtig unter die Mandelmischung rühren, sodass ein schaumiger, lockerer Teig entsteht.

4. Den Teig in die Springform füllen und im heißen Ofen (Mitte) 50–60 Min. backen. Wird die Oberfläche dabei zu schnell braun, den Kuchen mit Backpapier bedecken. Für eine Stäbchenprobe ein Holzstäbchen in die Kuchenmitte stechen. Bleibt kein Teig mehr daran hängen, ist der Kuchen fertig.

5. Den Kuchen kurz in der Form abkühlen lassen. Dann mit einem großen Messer vorsichtig vom Rand lösen und den Mandelkuchen aus der Form nehmen. Auf einem Kuchengitter vollständig auskühlen lassen.

BLITZREZEPTE

ERDBEER-GURKEN-SALAT MIT PISTAZIEN

4 PERSONEN
ZUBEREITUNGSZEIT: 15 MIN.

1 Salatgurke
250 g Erdbeeren
300 g Baby-Salat-Mix
250 g Mini-Mozzarellakugeln
50 g Pistazienkerne
2 EL Zitronensaft
1 EL Himbeeressig
1 TL Akazienhonig
4 EL Olivenöl (extra vergine)
Meersalz
Chiliflocken

1. Die Salatgurke putzen, schälen und in dünne Scheiben schneiden. Die Scheiben halbieren.

2. Die Erdbeeren waschen, putzen und vom Grün befreien. Je nach Größe ganz belassen, halbieren oder vierteln.

3. Den Salat putzen, waschen und trocken schleudern. Die Mozzarellakugeln abtropfen lassen. Die Pistazien grob hacken.

4. Die Gurkenscheiben mit Erdbeeren, Salat, Mozzarella und Pistazien in einer Schüssel vermischen.

5. Für das Dressing Zitronensaft, Essig und Honig verrühren. Nach und nach das Öl unterschlagen. Mit Salz und Chiliflocken abschmecken. Das Dressing unter den Salat heben.

6. Den Erdbeer-Gurken-Salat in Schalen servieren.

GEGRILLTE PFIRSICHE MIT TOMATEN UND BURRATA

4 PERSONEN
ZUBEREITUNGSZEIT: 20 MIN.

4 reife Pfirsiche
400 g Tomaten (z. B. Fleisch-, Eier- oder Cocktailtomaten)
4 kleine Kugeln Burrata (ca. 400 g; ersatzweise Büffelmozzarella)
5 Stängel Basilikum
3 EL Olivenöl (extra vergine)
1 TL flüssiger Honig
2 EL Zitronensaft
Meersalz
schwarzer Pfeffer (frisch gemahlen)

1. Pfirsiche waschen und längs halbieren. Kerne entfernen und die Pfirsichhälften jeweils in drei bis vier Spalten schneiden.

2. Die Tomaten waschen und je nach Größe halbieren, vierteln oder in Scheiben schneiden, dabei die Stielansätze entfernen.

3. Die Burrata vorsichtig aus der Lake nehmen und abtropfen lassen. Basilikum waschen und trocken schütteln, die Blättchen von den Stängeln zupfen und nach Belieben zerkleinern.

4. 1 EL Olivenöl mit dem Honig verrühren. Eine Grillpfanne stark erhitzen. Die Pfirsichspalten von jeder Seite 1–2 Min. darin braten, dabei mit der Olivenöl-Honig-Mischung bepinseln. Dann herausnehmen und kurz abkühlen lassen.

5. Pfirsiche und Tomaten in einer Salatschüssel mit dem restlichen Olivenöl (2 EL) und dem Zitronensaft beträufeln. Alles vorsichtig vermengen, mit Salz und Pfeffer abschmecken.

6. Die Pfirsich-Tomaten-Mischung auf vier Tellern anrichten. Die Burrata-Kugeln nach Belieben ganz belassen oder grob zerzupfen und darübergeben. Mit Basilikum garnieren.

BOHNEN-WILDKRÄUTER-SALAT

4 PERSONEN
ZUBEREITUNGSZEIT: 15 MIN.

2 Dosen weiße Bohnen (jeweils 240 g Abtropfgewicht)
½ Bio-Zitrone
2 Knoblauchzehen
1 EL Aceto balsamico bianco
1 TL Agavendicksaft
Meersalz
schwarzer Pfeffer (frisch gemahlen)
3 EL Olivenöl (extra vergine)
2 EL geschälte Hanfsamen
100 g Wildkräuter-Salat-Mix (ersatzweise Baby-Salat-Mix)
250 g Mini-Mozzarellakugeln (ersatzweise Mini-Ziegenfrischkäsekugeln oder -taler)

1. Bohnen in ein Sieb abgießen, abspülen und abtropfen lassen. Die Zitrone heiß waschen und trocken tupfen. Die Schale fein abreiben und den Saft auspressen.

2. Den Knoblauch schälen und durchpressen, mit Zitronensaft und -abrieb, Essig, Agavendicksaft, Salz und Pfeffer verrühren. Nach und nach das Öl unterschlagen, dann abschmecken.

3. Die Bohnen in einer Salatschüssel mit dem Dressing mischen und ca. 5 Min. ziehen lassen. Inzwischen die Hanfsamen in einer Pfanne ohne Fett rösten. Wildkräuter-Salat-Mix waschen und trocken schleudern. Hanfsamen, Salat und Mozzarellakugeln unter die Bohnen heben.

4. Den Salat in vier tiefen Tellern oder Schalen servieren.

Form follows function: Arbeite ich gerne damit? Erleichtert es mir den Küchenalltag? Kochgeschirr und Küchenhelfer sollten nützlich und ästhetisch sein.

JAKOBSMUSCHELN MIT HASEL-NÜSSEN UND MASCARPONE

4 PERSONEN
ZUBEREITUNGSZEIT: 20 MIN.

40 g Haselnusskerne
2 Bio-Zitronen
5 EL Mascarpone
Meersalz
12 große küchenfertig ausgelöste Jakobsmuscheln
schwarzer Pfeffer (frisch gemahlen)
2 EL Butter
2 TL Haselnussöl

1. Eine Pfanne erhitzen und die Haselnüsse ohne Fett unter häufigem Rühren darin rösten, bis sie duften. Abkühlen lassen, die Häutchen abreiben und die Nüsse halbieren.

2. Die Zitronen heiß waschen und trocken tupfen. 1 Zitrone mit einem scharfen Küchenmesser oder einem Gemüsehobel in hauchdünne Scheiben schneiden. Von der zweiten Zitrone die Schale fein abreiben und den Saft auspressen.

3. Mascarpone mit 1–2 EL Zitronensaft glatt rühren und salzen.

4. Die Jakobsmuscheln mit 1 EL Zitronensaft, dem Zitronenabrieb, Salz und Pfeffer vermengen.

5. Die Butter in einer Pfanne schmelzen. Sobald sie zu schäumen beginnt, die Jakobsmuscheln zugeben und je nach Größe von beiden Seiten jeweils 2–3 Min. braten.

6. Die Mascarpone-Creme mit den Jakobsmuscheln und den Zitronenscheiben in vier Schalen anrichten. Mit den gerösteten Haselnüssen bestreuen und mit Haselnussöl beträufeln.

FRÜHLINGS-FRITTATA

4 PERSONEN
ZUBEREITUNGSZEIT: 20 MIN.

2 Schalotten
3 Frühlingszwiebeln
200 g grüner Spargel (ersatzweise wilder grüner Spargel)
100 g Zuckerschoten
8 Eier (M)
150 ml Milch
Meersalz
schwarzer Pfeffer (frisch gemahlen)
50 g Parmesan
1 EL Butter
30 g Speckwürfel (nach Belieben)
100 g TK-Erbsen
2 EL Zitronensaft
1 EL Olivenöl (extra vergine)

1. Den Backofen auf 180° vorheizen. Die Schalotten schälen und in Ringe schneiden. Frühlingszwiebeln putzen und waschen, das Grün entfernen und den weißen Teil klein schneiden.

2. Den Spargel waschen, holzige Enden abschneiden. Spargelstangen mit einem Gemüsehobel oder einem Sparschäler längs in dünne Streifen schneiden, dabei die Köpfe ganz belassen. Die Zuckerschoten waschen und längs in Streifen schneiden.

3. Eier und Milch verquirlen, salzen und pfeffern. Parmesan grob reiben, zwei Drittel davon unter die Eiermischung heben.

4. Die Butter in einer ofenfesten Pfanne schmelzen. Speck und Schalotten darin bei mittlerer Hitze 3–4 Min. braten. Herausnehmen und beiseitestellen. Die Eiermischung in die Pfanne gießen und ca. 3 Min. stocken lassen. Speck und Schalotten darauf verteilen und alles im heißen Ofen (Mitte) in 4–5 Min. fertig backen, bis sich an der Unterseite eine goldbraune Kruste gebildet hat, die Mitte aber noch weich ist.

5. Inzwischen Salzwasser in einem Topf zum Kochen bringen. Die Frühlingszwiebeln, den Spargel, die Erbsen und die Zuckerschoten ca. 2 Min. darin blanchieren, dann abgießen und mit eiskaltem Wasser abschrecken. Abtropfen lassen und in einer Schüssel mit Zitronensaft, Olivenöl, Salz und Pfeffer vermengen.

6. Die Frittata aus dem Ofen nehmen und das Frühlingsgemüse darauf verteilen. Mit Salz und Pfeffer würzen und mit dem restlichen Parmesan bestreuen.

CALAMARI MIT PAPRIKA UND SESAM-GEWÜRZÖL

4 PERSONEN
ZUBEREITUNGSZEIT: 20 MIN.

1 kg küchenfertige Calamari (ersatzweise Calamaretti)
3 Knoblauchzehen
1 TL Fünf-Gewürze-Pulver
1 EL Sesam
Meersalz
4 Paprika
4 grüne Peperoni
4 Stängel Koriandergrün
1 Limette
2 EL Olivenöl
2 EL Sesamöl

1. Die Calamari trocken tupfen.

2. Knoblauch schälen und fein hacken. Mit dem Fünf-Gewürze-Pulver, Sesam und Salz mischen.

3. Paprika und Peperoni waschen, die Stielansätze abschneiden, Kerne und weiße Trennwände entfernen. Das Koriandergrün waschen und trocken schütteln, Blättchen abzupfen und nach Belieben zerkleinern. Die Limette auspressen.

4. Olivenöl in einem Wok oder in einer gusseisernen Pfanne erhitzen. Die Calamari in der Gewürz-Sesam-Mischung wenden. Mit Paprika und Peperoni in die Pfanne geben. Alles je nach Dicke und Größe der Calamari 5–6 Min. bei großer Hitze unter Rühren rundum scharf anbraten.

5. Die Pfanne vom Herd nehmen und das Koriandergrün untermischen. Alles herausnehmen und in einer Schüssel abgedeckt warm halten. Übrige Gewürzmischung in die Pfanne geben und kurz rösten. In einem Schälchen mit dem Sesamöl vermischen.

6. Die Calamari mit dem Paprikagemüse auf vier Teller verteilen. Alles mit dem Limettensaft und dem Gewürz-Sesam-Öl beträufeln und gleich servieren.

QUINOA-BOWL MIT BOHNENCREME UND TOMATEN

4 PERSONEN
ZUBEREITUNGSZEIT: 20 MIN.

250 g weiße Quinoa
1 Dose weiße Bohnen (240 g Abtropfgewicht)
1 Bio-Zitrone
2 Knoblauchzehen
5 EL Olivenöl (extra vergine)
Meersalz
schwarzer Pfeffer (frisch gemahlen)
4 große Strauchtomaten
1 EL Honig
1 Fleischtomate (z. B. Ochsenherz)
8 getrocknete Tomaten (in Öl)
2 Schalotten
200 g Schafskäse (Feta)
½ Bund Rucola (ersatzweise Postelein oder Basilikum)
1 EL Butter

1. Für die Quinoa nach Packungsanweisung 500 ml Salzwasser in einem Topf zum Kochen bringen. Inzwischen die Quinoa gründlich abbrausen und abtropfen lassen. Im kochenden Wasser nach Packungsanweisung ca. 15 Min. zugedeckt bissfest garen, bis das Wasser aufgesogen ist.

2. Inzwischen die Bohnen abgießen und kalt abspülen. Die Zitrone heiß waschen und trocken tupfen, die Schale fein abreiben und den Saft auspressen. Den Knoblauch schälen und durchpressen. Mit Zitronensaft und -abrieb, Bohnen, 2 EL Olivenöl, Salz und Pfeffer glatt pürieren.

3. Die Strauchtomaten waschen und halbieren, dabei von den Stielansätzen befreien. 2 EL Olivenöl in einer kleinen Pfanne erhitzen und die Tomaten darin mit der Schnittseite nach unten ca. 3 Min. anbraten. Dann herausnehmen und auf der Schnittseite mit Honig beträufeln.

4. Fleischtomate waschen und in Scheiben schneiden, dabei von den Stielansätzen befreien. Fleisch- und Strauchtomaten salzen und pfeffern. Die getrockneten Tomaten abtropfen lassen und nach Belieben zerkleinern.

5. Schalotten schälen und in feine Ringe schneiden, Schafskäse etwas zerkrümeln. Rucola waschen und trocken schütteln. Die Quinoa mit einer Gabel auflockern, Butter untermischen.

6. Die Quinoa mit der Bohnencreme, den frischen, den gebratenen und getrockneten Tomaten, dem Feta und den Schalotten in vier Schalen anrichten. Die Bohnencreme mit dem restlichen Olivenöl (1 EL) beträufeln und alles mit Rucola garnieren.

KITCHEN HEROES

DIE BOWL

1

Tausche Schale gegen Teller: Ich liebe meine schöne, handgetöpferte Bowl. Daraus esse ich vieles, vom Frühstück bis zum Abendessen: Früchte, Pasta, Salat, Eintopf & Co. Eine für alles.

2

Kontemplation pur: Meine Lieblings-Bowl schmiegt sich perfekt in meine Handfläche, ich mag ihre raue Außenseite und die feine Glasur. So wird jede Mahlzeit zur kleinen Achtsamkeitsübung.

3

Reduktion aufs Wesentliche: Anstelle von Salat- und Müslischüsseln, Spaghettitellern, Milchkaffeeschalen und Suppentellern habe ich nur ein paar wenige, aber ausgewählt schöne Bowls im Geschirrschrank.

PASTA MIT PARMASCHINKEN UND PARMESANSAUCE

4 PERSONEN
ZUBEREITUNGSZEIT: 20 MIN.

Meersalz
400 g Tagliatelle
2 Schalotten
180 g Parmesan
2 EL Olivenöl
50 ml Weißwein
250 g Sahne
200 ml Hühnerfond (ersatzweise Hühnerbrühe)
2 Eigelb
gemahlener Zitronenpfeffer (ersatzweise schwarzer Pfeffer)
4 Stängel Zitronenbasilikum (ersatzweise Basilikum, Rosmarin oder Thymian)
100 g Parmaschinken

1. Salzwasser in einem Topf zum Kochen bringen und die Tagliatelle darin nach Packungsanweisung bissfest garen.

2. Inzwischen die Schalotten schälen und fein würfeln. Den Parmesan fein reiben. Das Öl in einem großen Topf erhitzen und die Schalotten darin bei mittlerer Hitze unter Rühren glasig dünsten. Zuerst den Wein, dann die Sahne und den Hühnerfond dazugießen. Alles zum Kochen bringen. Unter gelegentlichem Rühren ca. 8 Min. zugedeckt köcheln.

3. Den Topf mit der Sauce vom Herd ziehen. Mit einem Schneebesen zuerst zwei Drittel des Parmesans, dann die Eigelbe unterrühren. Den Topf zurück auf den Herd stellen und die Sauce unter Rühren andicken lassen. Dabei die Sauce nur erhitzen, nicht mehr aufkochen lassen.

4. Die Pasta abgießen, dabei etwas Nudelwasser auffangen. Die Nudeln gleich unter die Parmesansauce heben, nach Belieben etwas Nudelwasser untermischen. Alles mit Salz und Zitronenpfeffer abschmecken. Zitronenbasilikum waschen, trocken schütteln, Blättchen abzupfen und nach Belieben zerkleinern.

5. Den Schinken in Stücke zupfen und unter die Pasta heben. Alles auf vier Tellern anrichten. Mit dem übrigen Parmesan und dem Zitronenbasilikum bestreuen.

PAPPARDELLE MIT PILZEN UND RICOTTA

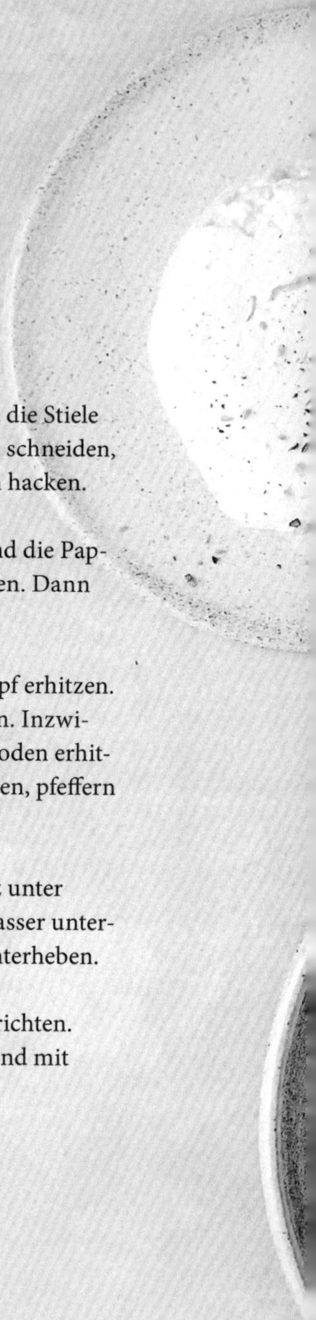

4 PERSONEN
ZUBEREITUNGSZEIT: 20 MIN.

300 g Pfifferlinge (ersatzweise Steinpilze, Champignons oder Kräuterseitlinge)
1 Schalotte
Meersalz
400 g breite Bandnudeln (Pappardelle)
30 ml Hühnerbrühe
50 g Butter
4 EL Olivenöl
schwarzer Pfeffer (frisch gemahlen)
400 g Ricotta

1. Die Pilze putzen, bei Bedarf trocken abreiben und die Stiele einkürzen. Größere Pilze halbieren oder in Scheiben schneiden, kleine ganz belassen. Schalotte schälen und sehr fein hacken.

2. Salzwasser in einem Topf zum Kochen bringen und die Pappardelle nach Packungsanweisung darin bissfest garen. Dann abgießen und dabei etwas Nudelwasser auffangen.

3. Inzwischen die Hühnerbrühe in einem großen Topf erhitzen. Die Butter zugeben und alles ca. 5 Min. offen köcheln. Inzwischen 3 EL Olivenöl in einer Pfanne mit schwerem Boden erhitzen. Die Schalotte und die Pilze darin anbraten. Salzen, pfeffern und zu der Hühnerbrühe geben.

4. Nudeln ebenfalls in den Topf geben und alles kurz unter Rühren erhitzen, dabei nach Belieben etwas Nudelwasser untermengen. Topf vom Herd nehmen und den Ricotta unterheben.

5. Die Pasta mitsamt Sauce auf vier tiefen Tellern anrichten. Alles mit dem restlichen Olivenöl (1 EL) beträufeln und mit schwarzem Pfeffer bestreuen.

GRAVED LACHS MIT LINSENSALAT

4 PERSONEN
ZUBEREITUNGSZEIT: 15 MIN.

800 g gebeizter Lachs (Graved Lachs; ersatzweise Räucherlachs)
1 Dose Linsen (265 g Abtropfgewicht)
1 Möhre
1 Stange Staudensellerie
2 Frühlingszwiebeln
1 Knoblauchzehe
2 EL Apfelessig
3 EL Walnussöl
3 EL Kefir
1 TL Akazienhonig
Meersalz
schwarzer Pfeffer (frisch gemahlen)
1 EL Sesam
1 Handvoll Postelein (ersatzweise Baby-Salat-Mix)

1. Den Lachs in vier etwa gleich große Stücke schneiden. Die Linsen abgießen, abbrausen und abtropfen lassen.

2. Möhre waschen, putzen und fein würfeln. Staudensellerie waschen, putzen und ebenfalls fein würfeln. Frühlingszwiebeln putzen, waschen und in feine Ringe schneiden. Möhre, Sellerie, Frühlingszwiebeln und Linsen in eine Salatschüssel geben.

3. Den Knoblauch schälen und durchpressen. Mit Essig, Öl, Kefir, Honig, Salz, Pfeffer und Sesam zu einem Dressing verrühren und abschmecken.

4. 4 EL des Dressings unter den Linsensalat heben und gut durchmischen. Postelein waschen und trocken schleudern.

5. Lachs und Postelein auf vier Teller verteilen und mit dem restlichen Dressing beträufeln. Den Linsensalat dazu anrichten.

HÄHNCHEN-PICCATA MIT SALSA VERDE

4 PERSONEN
ZUBEREITUNGSZEIT: 20 MIN.

Für die Salsa Verde
1 kleines Bund glatte Petersilie
½ Bund Minze
½ Bund Koriander
1 große Knoblauchzehe
2 EL Kapern
1 Bio-Zitrone
70 ml Olivenöl (extra vergine)
2 EL Aceto balsamico bianco
1 TL Dijon-Senf
Meersalz
schwarzer Pfeffer (frisch gemahlen)

Für die Hähnchen-Piccata
4 dünne Hähnchenbrustfilets (à ca. 125 g)
2 EL Olivenöl (extra vergine)
2 EL kalte Butter
Meersalz
schwarzer Pfeffer (frisch gemahlen)
50 ml Weißwein

1. Für die Salsa Verde Petersilie, Minze und Koriander waschen und trocken schütteln, die Blätter abzupfen und fein schneiden, dabei ein paar Blättchen für die Garnitur ganz belassen.

2. Knoblauch schälen und sehr fein hacken, die Kapern grob hacken. Die Zitrone heiß waschen und trocken tupfen, die Schale fein abreiben und den Saft auspressen.

3. Petersilie, Minze, Koriander, Knoblauch, Kapern, Zitronenabrieb und die Hälfte des Zitronensafts mit Öl, Essig und Senf in einer Schüssel vermischen. Die Salsa Verde mit Salz und Pfeffer abschmecken.

4. Für die Piccata die Hähnchenbrustfilets trocken tupfen. Öl und 1 EL Butter in einer Pfanne mit schwerem Boden erhitzen, die restliche Butter (1 EL) kurz in das Tiefkühlfach legen. Sobald die Butter in der Pfanne aufschäumt, das Fleisch hineingeben und von jeder Seite in 2–3 Min. goldbraun braten. Salzen, pfeffern, herausnehmen und kurz abgedeckt warm halten.

5. Den Bratensatz mit Weißwein und dem restlichen Zitronensaft ablöschen. Die restliche gekühlte Butter (1 EL) rasch in sehr kleine Stücke schneiden und dazugeben. Unter Rühren mit dem Schneebesen kurz erhitzen, aber nicht mehr aufkochen lassen.

6. Die Hähnchen-Piccata auf vier Teller verteilen, mit der Sauce übergießen und mit der Salsa Verde und den restlichen Kräutern anrichten. Dazu passt Baguette.

Alles in Balance: Unsere Geschmacksrezeptoren mögen Komplexität und Spannung. Süße und Säure, Schärfe und Bitterkeit sollten also immer im Einklang stehen.

LAMMFILET MIT BÄRLAUCH UND ZWIEBELGEMÜSE

4 PERSONEN
ZUBEREITUNGSZEIT: 20 MIN.

4 kleine Gemüsezwiebeln
2 Schalotten
4 Frühlingszwiebeln
2 große Lammrückenfilets (ca. 800 g; ersatzweise 4 kleine Lammfilets)
Meersalz
schwarzer Pfeffer (frisch gemahlen)
2 EL Olivenöl
2 Bund Bärlauch
100 g Butter

1. Den Backofen auf 170° vorheizen. Die Gemüsezwiebeln schälen und quer halbieren, die Schalotten schälen und längs halbieren. Die Frühlingszwiebeln putzen und waschen, jeweils das obere Drittel entfernen.

2. Die Lammfilets trocken tupfen, salzen und pfeffern. Das Öl in einer ofenfesten Pfanne erhitzen. Die Lammfilets und alle Zwiebeln bei großer Hitze hineingeben. Das Fleisch von beiden Seiten jeweils ca. 2 Min. scharf anbraten, dabei das Zwiebelgemüse immer wieder wenden. Dann alles aus der Pfanne nehmen, die Zwiebeln beiseitestellen und das Fleisch bis zur Weiterverwendung ruhen lassen.

3. Inzwischen den Bärlauch verlesen, waschen und trocken schleudern. Die Lammfilets mit Bärlauchblättern umwickeln, den restlichen Bärlauch beiseitelegen. Das Fleisch zurück in die Pfanne geben und im heißen Ofen (Mitte) je nach Dicke der Stücke in 5–8 Min. fertig garen. Kurz vor Garzeitende die Zwiebeln zugeben und heiß werden lassen.

4. Inzwischen den restlichen Bärlauch sehr fein hacken und mit der Butter und etwas Salz vermengen.

5. Lammfilets aus dem Ofen nehmen, kurz ruhen lassen. Mit Bärlauchbutter bepinseln und mit dem Zwiebelgemüse servieren. Die restliche Butter dazu reichen. Dazu passt Fladenbrot.

CASHEW-CREME MIT BEEREN

4 PERSONEN
ZUBEREITUNGSZEIT: 15 MIN.
EINWEICHZEIT: 12 STD.

300 g Cashewkerne
½ Vanilleschote
4 EL Akazienhonig
Meersalz
500 g gemischte Beeren (z. B. Himbeeren, Erdbeeren, Heidelbeeren, Brombeeren, Johannisbeeren)
½ Zitrone
4 EL Granola (Fertigprodukt)

1. Die Cashewkerne in einem Schälchen mit Wasser bedecken und über Nacht einweichen, dann abgießen.

2. Das Mark aus der Vanilleschote herauskratzen. Mithilfe eines Standmixers oder Pürierstabs die Cashewkerne mit dem Honig, 1 kräftigen Prise Salz und 140 ml Wasser zu einer glatten, seidigen Creme verarbeiten. Nach Belieben noch etwas Wasser oder Honig untermengen.

3. Die Beeren in einem Sieb vorsichtig abbrausen und trocken tupfen, putzen und je nach Größe halbieren oder vierteln. Die Zitrone auspressen. Beeren mit dem Zitronensaft beträufeln.

4. Die Cashew-Creme mit den Beeren und dem Granola in vier Schalen anrichten.

Vitamix

KITCHEN HEROES

DER MIXER

1

Nicht ohne meinen Blender: Für Suppen, Saucen und Smoothies, aber auch für Cremes, Dips, Eis, Nussmus oder Raw Cakes ist er fast täglich im Einsatz. Eine kleine Investition, die sich dauerhaft lohnt.

2

Ich bin kein Pedant. Es darf auch gerne »gemogelt« werden. Ein paar gefrorene Bananen im Vorrat sind mein Lieblingstrick für eine schnelle (N)icecream, die dank Nussmus auch wunderbar cremig wird.

3

Mix and match: Die meisten meiner Gerichte sind anfangs improvisiert und werden im Lauf der Zeit perfektioniert. Mein Mixer ist dabei eine zuverlässige Hilfe – für Würzpasten, Pestos, Chutneys & Co.

NICECREAM MIT BANANEN UND SCHOKOLADE

4 PERSONEN
ZUBEREITUNGSZEIT: 15 MIN.
TIEFKÜHLZEIT: 12 STD.

4 reife Bananen
50 g dunkle Kuvertüre
½ Vanilleschote
3 EL Mandelmus
Meersalz
2 EL Kakao-Nibs

1. Die Bananen schälen und auf einem Teller über Nacht im Tiefkühlfach gefrieren lassen.

2. Die Kuvertüre in einer Schüssel über dem heißen Wasserbad langsam schmelzen. Danach 5–7 Min. in der Schüssel über einem Eiswürfelbad abkühlen lassen, sodass die Kuvertüre gerade noch flüssig ist.

3. Inzwischen das Mark aus der Vanilleschote herauskratzen. Mit den gefrorenen Bananen, Mandelmus und 1 Prise Salz in einen Standmixer geben. Bei hoher Geschwindigkeit zu einem cremigen Eis verarbeiten.

4. Die Kuvertüre dazugeben und untermengen. Wird das Eis zu flüssig, einige Eiswürfel untermixen.

5. Die Nicecream auf vier Gläser oder Schälchen verteilen und mit den Kakao-Nibs garnieren.

REGISTER

H/J/K

L

M

N/O

P/Q

R

S/T

W/Z

APPETIT AUF MEHR?

ISBN 978-3-8338-7139-9

ISBN 978-3-8338-7235-8

ISBN 978-3-8338-7141-2

ISBN 978-3-8338-7071-2

ISBN 978-3-8338-7101-6

ISBN 978-3-8338-6697-5

e Alle hier vorgestellten Bücher sind auch als eBook erhältlich.

G|U

Mehr von GU auf **www.gu.de** und **facebook.com/gu.verlag**

Projektleitung: Verena Kordick
Lektorat: Julia Genazino
Korrektorat: Waltraud Schmidt
Innen- und Umschlaggestaltung: independent Medien-Design, München: Horst Moser (Artdirection)
Herstellung: Martina Koralewska
Satz: L42 AG, Berlin
Reproduktion: Medienprinzen, München
Druck und Bindung: Firmengruppe APPL, aprinta druck, Wemding
Printed in Germany

1. Auflage 2019
ISBN 978-3-8338-7236-5

Bildnachweis

Alle Fotos von Sophia Schillik bis auf:
Cover: Stocksy (Bonninstudio)
S. 5, 7, Kapitelaufmacher und Kitchen Heroes: Kathrin Koschitzki (www.photisserie.de)
Syndication:
www.seasons.agency

Die Autorin und Fotografin

Aus der Text-Bild-Genussmanufaktor von **Sophia Schillik** stammen köstliche Inhalte rund um die Themen Reisen, Essen und Genuss: Sophia Schillik ist Rezeptautorin und Foodstylistin, arbeitet aber auch als Fotografin, Food- und Reisejournalistin. Für sie ist ganz klar: Die abwechslungsreiche Arbeit zwischen Texten, Fotografieren und kreativem Werkeln in der Küche passt genau zu ihr und ihrem Leben!
www.sophiaschillik.com
Instagram: @cucinapiccina

www.facebook.com/gu.verlag

Danke

- meinem guten Freund Ralf dafür, dass du immer an mich glaubst, für nächtliche Kühlschrankreparaturen und andere SOS-Notfall-Hilfe, für die guten Gespräche
- meiner Freundin Karla fürs Zuhören und Nachfragen
- Jelena für durchzechte Nächte und geteilte Verrücktheiten
- Roland für dein Verständnis, wenn bei mir mal wieder die Hütte brennt
- Alexa für deine Wohnung auf Zeit, ohne die das alles gar nicht möglich gewesen wäre
- Christina für Backdrop-Support
- meiner Großmutter, du fehlst mir
- meinen Eltern für eine Kindheit in Italien – damit fing alles an
- Julia Genazino und Verena Kordick für ihre fortwährende Geduld
- allen, die mich auf meinem Weg begleiten

Außerdem meinen Sponsoren und Kooperationspartnern:
- Vitamix und Riess für den Hardware Support
- das Frischeparadies Hürth für die ein oder andere »special Zutat«
- Embassy of Arts and Crafts, Dirk Aleksic, Sinikka Harms und Annika Schüler für einen Teil der Keramik.
Ich liebe eure Arbeit.

Bezugsquellen

Vitamix: www.vitamix.com/de
Riess: https://www.riess-markenshop.de/c/truehomeware
Embassy of Arts & Crafts: www.embassy-store.com
Dirk Aleksic: www.dirkaleksic.de
Annika Schüler: www.annikaschueler.de
Sinikka Harms: www.sinikkaharms.de

Umwelthinweis:
Dieses Buch ist auf PEFC-zertifiziertem Papier aus nachhaltiger Waldwirtschaft gedruckt.

GRÄFE UND UNZER
Ein Unternehmen der
GANSKE VERLAGSGRUPPE

QUALITÄTS G|U GARANTIE

LIEBE LESERINNEN UND LESER,
wir wollen Ihnen mit diesem Buch Informationen und Anregungen geben, um Ihnen das Leben zu erleichtern oder Sie zu inspirieren, Neues auszuprobieren. Wir achten bei der Erstellung unserer Bücher auf Aktualität und stellen höchste Ansprüche an Inhalt und Gestaltung. Alle Anleitungen und Rezepte werden von unseren Autoren, jeweils Experten auf ihren Gebieten, gewissenhaft erstellt und von unseren Redakteuren/innen mit größter Sorgfalt ausgewählt und geprüft.

Haben wir Ihre Erwartungen erfüllt? Sind Sie mit diesem Buch und seinen Inhalten zufrieden? Haben Sie weitere Fragen zu diesem Thema? Wir freuen uns auf Ihre Rückmeldung, auf Lob, Kritik und Anregungen, damit wir für Sie immer besser werden können. Und wir freuen uns, wenn Sie diesen Titel weiterempfehlen, in Ihrem Freundeskreis oder bei Ihrem online-Kauf.

Sollten wir Ihre Erwartungen so gar nicht erfüllt haben, tauschen wir Ihnen Ihr Buch jederzeit gegen ein gleichwertiges zum gleichen oder ähnlichen Thema um.

KONTAKT
GRÄFE UND UNZER VERLAG
Leserservice
Postfach 86 03 13
81630 München
E-Mail: leserservice@graefe-und-unzer.de

Telefon: 00800 / 72 37 33 33*
Telefax: 00800 / 50 12 05 44*
Mo–Do: 9.00–17.00 Uhr
Fr: 9.00–16.00 Uhr
(*gebührenfrei in D,A,CH)

Backofenhinweis:
Die Backzeiten können je nach Herd variieren. Die Temperaturangaben in unseren Rezepten beziehen sich auf das Backen im Elektroherd mit Ober- und Unterhitze und können bei Gasherden oder Backen mit Umluft abweichen. Details entnehmen Sie bitte Ihrer Gebrauchsanweisung.